时光电影院&最美经典书系

最好的生活，
都在岁月深处。

也许你我终将行踪不明，
但是你该知道我曾因你动情。

——【法】波德莱尔

在，静默如谜的时光里 Ⅲ

萧红 等 著

台海出版社

contents

目录

沸腾在生活中

在追求梦想的路上，所有人都一样

经历过，历练过以后

一个人，唯有经历过生命中无数的繁华和苍凉，才会变得成熟

contents · 目录 /

世间有美

世界上，从来不缺少美，少的是发现美的眼睛

心要有猛虎和蔷薇

让心中，永远存有一个美好的目标

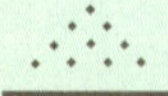

时 光 电 影 院

沸 腾 在 生 活 中

在追求梦想的路上，所有人都一样

彼此

（散文）

林徽因

朋友又见面了，点点头笑笑，彼此晓得这一年不比往年，彼此是同增了许多经验。个别的说，这时间中每一人的经历虽都有特殊的形相，含着特殊的滋味，需要个别的情绪来分析来描述。

综合的说，这许多经验却是一整片仿佛同式同色，同大小，同分量的迷惘。你触着那一角，我碰上这一头，归根还是那一片迷惘笼罩着彼此。七月！——这两字就如同史歌的开头那么有劲——八月，九月带来了那狂风，后来。后来过了年——那无法忘记的除夕！——又是那一月，二月，三月，到了七月，再接再厉的又到了年夜。现在又是一月二月在开始……谁记得最清楚，这串日子是怎样的延续下来，生活如何的变？想来彼此都不会记得过分清晰，一切都似乎在这离中旋转，但谁又会忘掉那么切肤的重重忧患的网膜？

经过炮火或流浪的洗礼，变换又变换的日月，难道彼此脸上没有一点记载这经验的痕迹？但是当整一片国土纵横着创痕，大家都是“离散而相失……去故乡而就远”，自然“心婵媛而伤怀兮，眇不知其所蹠”，脸上所刻那几道并不使彼此惊讶，所以还只是笑笑好。口角边常添几道酸甜的纹路，可以帮助彼此咀嚼生活。何不默认这一点：在迷惘中人最应该有笑，这种的笑，虽然是敛住神经，敛住肌肉，仅是毅力的后背，它却是必需的，如同保护色对于许多生物，是必需的一样。

那一晚在××江心，某一来船的甲板上，热臭的人丛中，他记起他那时的困顿饥渴和狼狈，旋绕他头上的却是那真实倒如同幻象，幻象又成了真实的狂敌杀人的工具，敏捷而近代型的飞机：美丽得像鱼像鸟……！这里黯然的一掬笑是必需的，因为同样的另外一个人懂得那原始的骤然唤起纯筋肉反射作用的恐怖。他也正在想那时他在××车站台上露宿，天上有月，左右有人，零落如同被风雨摧落后的落叶，瑟索地蜷伏着，他们心里都在回味那一天他们所初次尝到的敌机的轰炸！谈话就可以这样无限制的延长，因为现在都这样的记忆，——比这样更辛辣苦楚的——在各人心里真是太多了！随便提起一个地名大家所熟悉的都会或商埠，随着全会涌起怎样的一个最后印象！

再说初入一个陌生城市的一天，——这经验现在又多普遍——尤其是在夜间，这里就把个别的情形和感触除外，在大家心底曾留下的还不是一剂彼此都熟识的清凉散？苦里带涩，那滋味侵入脾胃时，小小的冷噤会轻轻在背脊上爬过，用不着丝毫锐性的感伤！也许他可以说他在那夜进入某某城内时，看到一列小店门前凄惶的灯，黄黄的发出奇异的晕光，使他嗓子里如梗着刺，感到一种发紧的触觉。你能所记得的却是某一号车站后面黯白的煤气灯射到陌生的街心里，使你心里好像失落了什么。

那陌生的城市，在地图上指出时，你所经过的同他所经过的也可以有极大的距离，你同他当时的情形也可以完全的不相同。但是在这里，个别的异同似乎非常之不相干；相干的仅是你我会彼此点头，彼此会意，于是也会彼此的笑笑。

七月在卢沟桥与敌人开火以后，纵横中国土地上的脚印密密地衔接起来，更加增了中国地域广漠的证据。每个人参加过这广漠地面上流转的大韵律的，对于尘土和血，两件在寻常不多为人所理会的，极寻常的天然质素，现在每人在他个别的角上，对它们都发生了莫大亲切的认识。每一寸土，每一滴血，这种话，已是可接触，可把持的十

我们今天所叫做生活的，过后它便是历史。 By林徽因

分真实的事物，不仅是一句话一个“概念”而已。

在前线的前线，兴奋和疲劳已掺拌着尘土和血另成一种生活的形体魂魄。睡与醒中间，饥与食中间，生和死中间，距离短得几乎不存在！生活只是一股力，死亡一片沉默的恨，事情简单得无可再简单。尚在生存着的，继续着是力，死去的也继续着堆积成更大的恨。恨又生力，力又变恨，惘惘地却勇敢地循环着，其他一切则全是悬在这两者中间悲壮热烈地穿插。

在后方，事情却没有如此简单，生活仍然缓弛地伸缩着；食宿生死间距离恰像黄昏长影，长长的，尽向前引伸，像要扑入夜色，同夜溶成一片模糊。在日夜宽泛的循回里于是穿插反更多了，真是天地无穷，人生长勤。生之穿插零乱而琐屑，完全无特殊的色泽或轮廓，更不必说英雄气息壮烈成分。斑斑点点仅像小血锈凝在生活上，在你最不经意中烙印生活。如果你有志不让生活在小处窳败，逐渐减损，由锐而钝，由张而弛，你就得更感谢那许多极平常而琐碎的摩擦，无日无夜地透过你的神经，肌肉或意识。这种时候，叹息是悬起了，因一切虽然细小，却绝非从前所熟识的感伤。每件经验都有它粗壮的真实，没有叹息的余地。口边那酸甜的纹路是实际哀乐所刻画而成，是一种坚忍韧性的笑。因为生活既不是简单的火焰时，它本身是很沉重，需要韧性地支持，需要产生这韧性支持的力量。

现在后方的问题，是这种力量的泉源在哪里？决不凭着平日均衡的理智，——那是不够的，天知道！尤其是在这时候，情感就在皮肤底下“踊跃其若汤”，似乎它所需要的是超理智的冲动！现在后方被缓的生活，紧的情感，两面摩擦得愁郁无快，居戚戚而不可解，每个人都可以苦恼而又热情地唱“终长夜之曼曼兮，掩此哀而不去”，或“宁溘死而流亡兮，不忍为此之常愁”！支持这日子的主力在哪里呢？你我生死，就不检讨它的意义以自大，也还需要一点结实的凭借才好。

我认得有个人，很寻常地过着国难日子的寻常人，写信给他朋友说，他的嗓子虽然总是那么干哑，他却要哑着嗓子私下告诉他的朋友：他感到无论如何在这时候，他为这可爱的老国家带着血活着，或

当前的艰苦不是个别的，而是普遍的，充满整一个民族，整一个时代！

By.林徽因

流着血或不流着血死去，他都觉到荣耀，异于寻常的，他现在对于生与死都必然感到满足。这话或许可以在许多心弦上叩起回响，我常思索这简单朴实的情感是从哪里来的。信念？像一道泉流透过意识，我开始明了理智同热血的冲动以外，还有个纯真的力量的出处。信心产生力量，又可储蓄力量。

信仰坐在我们中间多少时候了，你我可曾觉察到？信仰所给予我们的力量不也正是那坚忍韧性的倔强？我们都相信，我们只要都为它忠贞地活着或死去，我们的大国家自会永远地向前迈进，由一个时代到又一个时代。我们在这生是如此艰难，死是这样容易的时候，彼此仍会微笑点头的缘故也就在这里吧？现在生活既这样的彼此患难同味，这信心自是，我们此时最主要的联系，不信你问他为什么仍这样硬朗地活着，他的回答自然也是你的回答，如果他也问你。

信仰坐在我们中间多少时候了？那理智热情都不能代替的信心！

思索时许多事，在思流的过程中，总是那么晦涩，明了时自己都好笑所想到的是那么简单明显的事实！此时我拭下额汗，差不多可以意识到自己口边的纹路，我尊重着那酸甜的笑，因为我明白起来，它是力量。

话不用再说了，现在一切都是这么彼此，这么共同，个别的情绪这么不相干。当前的艰苦不是个别的，而是普遍的，充满整一个民族，整一个时代！我们今天所叫做生活的，过后它便是历史。客观的无疑我们彼此所熟识的艰苦正在展开一个大时代。所以别忽略了我们现在彼此地点点头。且最好让我们共同酸甜的笑纹，有力地，坚韧地，横过历史。

（原载一九三九年二月五日《今日评论》第一卷第六期）

爱晚亭

（散文）

谢冰莹

萧索的微风，吹动沙沙的树叶；潺潺的溪水，和着婉转的鸟声。这是一曲多么美的自然音乐呵！

枝头的鸣蝉，大概有点疲倦了？不然，何以它们的声音这样断续而凄楚呢？

溪水总是这样穿过沙石，流过小草轻软地响着，它大概是日夜不停了吧？

翩翩的蝶儿已停止了它们的工作躺在丛丛的草间去了。惟有无数

和煦的春风，婉转的鸟声，一阵阵地，一声声地竟送我入了沉睡之乡。 By 谢冰莹

的蚊儿还在绕着树枝一去一来地乱飞。

浅蓝的云里映出从东方刚射出来的半边新月，她好似在凝视着我，睁着眼睛紧紧地盯望着我——望着在这溪水之前，绿树之下，爱晚亭旁之我——我的狂态。

我乘着风起时大声呼啸，有时也蓬头乱发地跳跃着。哦哦，多么有趣哟！当我左手提着绸裙，右臂举起轻舞时，那一副天真娇憨而又惹人笑的狂态完全照在清澄的水里。于是我对着溪水中舞着的影儿笑了，她也笑了！我笑得更厉害，她也越笑得起劲。于是我又望着她哭，她也皱着眉张开口向我哭。我真的流起泪来了，然而她也掉了泪。她的泪和我的泪竟一样多，一样地快慢掉在水里。

有时我跟着虾蟆跳，它跳入草里，我也跳入草里，它跳在石上蹲着，我也蹲在石的上面，可是它洞然一声跳进溪水里，我只得怅惘地痴望着它很自由地游行罢了。

更有时鸟唱歌，我也唱歌；但是我的嗓子干了，声音嘶了。它还在很得意很快活似的唱着。

最后，我这样用了左手撑持着全身，两眼斜视着衬在蔚蓝的云里的那几片白絮似的柔云，和向我微笑的淡月。

我望久了，眼帘中像有无限的针刺着一般，我倦极了，倒在绿茸茸的嫩草上悠悠地睡了。和煦的春风，婉转的鸟声，一阵阵地，一声声地竟送我入了沉睡之乡。

梦中看见了两年前死去的祖母，和去腊刚亡的两个表弟妹。祖母很和蔼地在微笑着抱住我亲吻，弟妹则牵着我的衣要求我讲《红毛野人的故事》，我似醒非醒地在觉伤心，叹了一声深长的冷气。

清醒了，完全清醒了；打开眼睛，满眼春色，于是我又忘掉了刚才的梦。

然而当我斜倚石栏，倾听枫声，睨视流水，回忆过去一切甜蜜而幸福的生活时，不觉又是“清泪斑斑襟上垂”了。

但是，清风吹干了泪痕，散发罩住面庞的时候，我又抬起头来望着行云和流水，青山和飞鸟微微地苦笑了一声。

唉！我愿以我这死灰，黯淡，枯燥，无聊的人生，换条欣欣向荣，生气蓬勃的新生命。

我愿以我这烦闷而急躁的心灵，变成和月姊那样恬淡，那样幽闲。

我愿所有的过去和未来的泪珠，都付之流水！

我愿将满腔的忧愤，诉之于春风！

我愿将凄切的悲歌，给与林间鸣鸟！

我愿以绵绵的情丝，挂之于树梢！

我愿以热烈的一颗赤心，浮之于太空！

我愿我所有的一切，都化归乌有，化归乌有呵！

淡淡的阳光，穿过丛密的树林，穿过天顶，渐渐地往西边的角上

我愿以绵绵的情丝，挂之于树梢。　By 谢冰莹

移去，归鸦掠过我的头顶，呜呀呜呀地叫了几声。蝉声也嘈杂起来，流水的声音似乎也洪大了，林间的晚风也开始了它们的工作，我忽而打了一个寒噤，觉得有些凉意了，站起来整理了衣裙，低头望望我坐着的青草，已被我蹂躏得烘热而稀软了。

“春风吹来，露珠润了之后，它该能恢复原状吧？”我很悲伤地叹息着说。

我提起裙子，走下亭来，一个正在锄土的农夫，忽然伸了伸腰，回转头来目不转睛地望着我——一直到我拐弯之后，他才收了视线。

一九二六年春于麓山之昆涛亭

（原载光明书店一九三四年版《麓山集》）

灿烂的星，愿我能似你般永在

（诗歌）

【英】济慈

译/夏苏

这灿烂的星，但愿我能如你坚定
——但并非孤独地在夜空中闪烁高悬，
睁着一双永不合拢的眼眸，
犹如苦修的隐士于彻夜无眠之中，
抑或凝视海水冲洗尘世的崖岸，
如若牧师行施净体的沐浴，
或正俯瞰下界的荒原与群山
被遮盖在轻轻飘落的雪罩里
——并非这样一直永远坚定如故，
枕卧在美丽的爱人的胸膛，
永远能感应到它的轻轻的起伏，
永远清醒，在甜蜜的不安之中，
永远、永远地听着她轻柔的呼吸，
永远这样生活
——或于昏厥中而死去。

横越大海

（诗歌）

【英】丁尼生

译/袁可嘉

夕阳西下，金星高照，
好一声清脆的召唤！
但愿海浪不呜呜咽咽，
我将越大海而远行；
流动的海水仿佛睡了，
再没有涛声和浪花，
海水从无底的深渊涌来，
却又转回了老家。
黄昏的光芒，晚祷的钟声，
随后是一片漆黑！
但愿没有道别的悲哀，
在我上船的时刻；
虽说洪水会把我带走，
远离时空的范围，
我盼望见到我的舵手，
当我横越了大海。

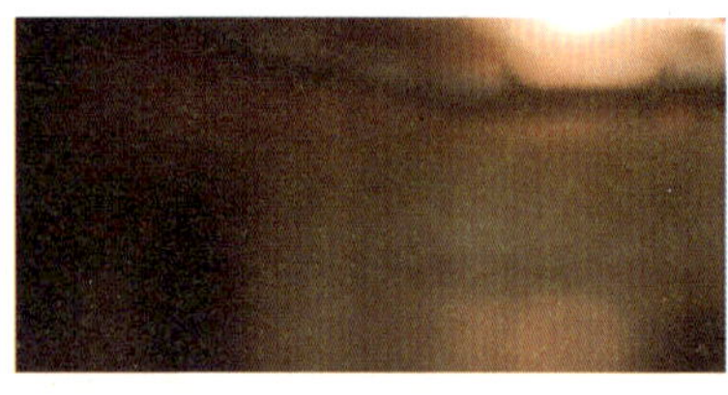

沸腾的梦

（散文）

杨刚

我欲有所歌，有所鸣颂，但是我一开口，在声音没有走出喉腔以前，眼睛已经被泪水灌满了。我在泪水中凝视，似乎见着了许多许多的异象。我将怎样说明我所见的那一些辉煌事物呢？我或者应该名之为梦，或者竟如那乩盘沙上，被莫名的魔力所中的乩头，写下我茫然而确切的真实。

我听见一个婴儿的哭声，那声音异常温柔而坚决，它单调的叫，叫，叫。没有高低，没有抑昂，没有起伏。它只表现了一个单一的要求。这要求赤裸裸连绵不断的在我耳轮周围盘旋环绕，它永不会软化低弱下去，变成为乞求的哀声。我注意的听，受感动的听，焦躁的听，乃至于我听得烦恼，听得全身发热，心房诘问似的颤跳，我的肌肉似乎在我的骨上啮嚼，使我狂跳不安。我听见的究竟是什么呢？它是从那里来，又将向那里去。它对于这浩然渺然无穷的宇宙施舍了一笔什么惠施，可以向它发生这样坚执的、单纯原始的要求？我满屋里寻找，在被子里，在桌子底下，在灯影下面，我急躁如一只受了惊的蚱蜢，在屋子里跳来跳去，把椅子抛得山响。我执起新买来雪亮的剪刀，恶狠狠逼准墙壁，要它把那放纵大胆的婴儿隐秘，报告给我知道。

最后，天知道，我在一只有盖的小玻璃缸里面把那件奇闻发现了出来。从那一枚鸡蛋里面，婴儿放肆的哭声对于我近乎一种庄严的嘲弄。这里我奇怪我的感觉，几乎我以为自己已经于不知何时溜走了，变了不是我了。

我梦见（我只好说是梦见了），我进入了一片广野的辽原。天上是云团，白的云团，红的云团，青的云团，澄碧的天的海洋透明到和绿水晶一样。地下是活鲜的草，红的草，金黄的麦穗子，肥赭的土地，苍茫辽远似乎遗忘了它自己的平原，那是宇宙寥阔无私的象征。我看见一群，一阵，长长的，火车行列式的一大阵孩子们，在那丰美伟大的境界中奔走赛跑。他们跑着，歌着。他们的小小脚步唤起了大地的合唱，他们的歌声惹起了稻穗的和鸣，白的，红的，青色的云球追在他们后面，跑在他们周围。有时候，一不留心这些云头又飞上了孩子们的前面，且用它们轻得和毛毛雨一样的脚尖，掠弄孩子们稚嫩的黑发，向他们光洁和善的微笑着。梦神知道一切都是真的；孩子们

无边的欲望在他们心里腾沸，为了光荣，为了美，也为了生命！ By 杨刚

跑着，跑着，不会休息也不会慢步。他们浩瀚排荡的歌声，像巨伟的山瀑在浩空中奔腾，像朗洁的长风用垂天的羽翼在飞舞。它使我一面听一面不自主的随着跑，它使我舌尖雀跃，喉衣颤动，脚下自作主张的踏跳。我欢喜，我流泪，我癫狂，我爱，我恨。我的心血泛滥，如猛涨起来的夜潮。而且，我还看见了什么呢？碧绿的天波渐渐飘动了，它如风脚上勾下来的云缕慢慢向孩子们脚底流漾下来了，而白云也似乎在飘坠，向金黄的熟稻怀里面躺了下去。我见红云牵起了孩子的裙裳，以助他们的舞姿，而绿草又映在天波中间，像是水晶石里长出来的生命。一个无始无终，无上无下，无左无右，完整的大宇宙，被孩子们放胆的奔驰发现了出来：一场美的创始，一个终古秘密的发现！

一扇掌管天的秘密、星体的秘密、火山猛烈热流的秘密的神门，我确确看见是对我们而开了。我见每一个星球抱着一个红如玛瑙，热如火焰，光明如疾电的心在它们的胸腔里面。它们的胸腔透明，映出了狂欢着的火花、火叶、火苗。它们沉酣于生命的舞蹈中，使自己的光明围绕着自己而歌唱。我见火星上满地是猩红的树枝，它们却发出月色一样温柔的抚爱，护围花草的芳洁。在那里，月亮在笑，太阳在笑，风在咭咭呱呱，雨在踏步跳舞。它们中间有了一件盛大的刺激，中国的黑发孩子们已经从宇宙创造的杯里吸去了新的精液。无边的欲望在他们心里腾沸，为了光荣，为了美，也为了生命！

可是，宇宙不能说声“拒绝”，人间却发出了“禁止”的恶声，这是可能有的吗？没有人能无故宣布一个人的死亡，难道一个民族有权利制定一个民族的命运？我们在蛋壳里面的呼声，对于他人会是一种威胁，我们在广原上天真的赛跑会叫旁观者见了短气，这些都不是情感和理智想得到的。被强制而对我们锁闭了的门，你的幽禁何其可怜，但我们为你的奔驰为此也会更见其猛烈了。红如玛瑙，热如火焰，光明如疾电的心在我们黄色肌肤的胸腔里也照样各人抱住了一个。人若不信时请来看吧！请看我们的战场上，医院里，田原上，公事房中，乃至于我们幼稚园的游戏场上吧。这颗心总是欢悦的豪饮沸腾的创造之杯，而高唱着：

醉卧沙场君莫笑，

古来征战几人回！

——一九三八年“五卅”十三周年纪念。

（原载美商好华图书公司一九三九年版《沸腾的梦》）

生命的召唤

（散文）

【美】惠特曼 译/佚名

人能成全他人，也能毁弃他人；互相帮助能使人奋发向上，互相抱怨会使人退缩不前。人与人之间的这种影响，就像阳光与寒霜对田野的影响一样。每个人都随时发出一种呼唤，促使别人荣辱毁誉，生死成败。

一位作家曾把人生比做蛛网。他说："我们生活在世界上，对他人的热爱、憎恨或冷漠，就像抖动一个大蜘蛛网。我影响他人，他人又影响他人。巨网振动，辗转波及，不知何处止，何时休。"

有些人专会鼓吹人生没有意义没有希望。他们的言行使人放弃、退缩或屈服。这些人之所以如此，可能是因为自己受了委屈或遇到不幸；但不论原因如何，他们孤僻冷淡，使梦想幻灭、希望成灰、欢乐失色。他们尖酸刻薄，使礼物失值、成绩无光、信心瓦解。留下来的只是恐惧。

这种人使人觉得没有办法应付人生，从而灰心丧气，自惭形秽，惊慌失措。而我们可能又会将这种情绪传染给别人。因为我们受了委屈，一定要向人诉苦。

但是那些生性爽朗，鼓励别人奋发，令人难以忘怀的人又怎样呢？和这些人在一起，会感到朝气蓬勃，充满信心。他们使我们表现才能，发挥潜力，有所作为。

那些有希望的人都不是怨天尤人的人。 By 惠特曼

我们谁不愿像他们，使别人的生命之火燃烧？最重要的是先要弄清自己是否热爱生命，是否具有活力。热爱生命的人才能分享于他人。不要按捺住自己的热情，应该拿出来为别人打通幸福的道路。

我们珍惜自己的生命，但也应该同样尊重别人的意志。我们应当了解别人的生活和理想与我们不同，应当倾听别人的诉说，找出他们的长处，给他们表现的机会，并让它继续生长。任何生物都要生长。生长是生命的过程——生命是棵生长着的树，不是毫无生机的雕像。

是的，人的一生非常曲折，甚至艰辛。但前途无穷，富有生机，充满机会。那些有希望的人都不是怨天尤人的人。

珍惜自己生命的活力，便也使他人分享了你的活力。有给予，必有报答。人生和爱情一样，不会自己滋长，必须先给予而后才有发展。给予越多，生命便越丰富。

诗人走在田野上

（诗歌）

【法】雨果 译/夏苏

诗人走到田野上；他欣赏，
他赞美，他倾听于内心的竖琴声。
看见他来了，花朵，各式各样的花朵，
那些让红宝石黯然失色的花朵，
那些甚而胜过孔雀开屏的花朵，
金色的小花儿，蓝色的小花儿，
为了迎接他，都摇晃着她们的花束，
有些微微向他行礼，有些做出娇媚的姿态，
因为这样符合美人儿的身份，她们
亲昵地说：“瞧，我们的情人来了呢！”

而那些生活在树林深处里的葱茏的大树，
充满着阳光和阴影，嗓子变得沙哑，
所有这些老头，紫杉，菩提树，枫树，
满脸皱纹的柳树，年高德劭的橡树，
长着黑枝杈，披着藓苔的榆树，
就像神学者们见到经典保管者那样，
向他行大礼，并且一躬到底垂下
他们长满树叶的头颅和常春藤的胡子，
观看着他额上宁静的光辉，
低声窃窃私语："是他！是这个幻想家来了！"

一九三一年六月莱罗希

欢乐颂

（诗歌）

【德】席勒　译／邓映易

啊！朋友，何必老调重弹！
还是让我们的歌声
汇合成欢乐的合唱吧！
欢乐！欢乐！

欢乐女神圣洁美丽
灿烂光芒照大地！
我们心中充满热情
来到你的圣殿里！
你的力量能使人们
消除一切分歧，
在你光辉照耀下面
四海之内皆成兄弟。

谁能作个忠实朋友，
献出高贵友谊，
谁能得到幸福爱情，
就和大家来欢聚。
真心诚意相亲相爱
才能找到知己！
假如没有这种心意
只好让他去哭泣。

在这美丽大地上
普世众生共欢乐；
一切人们不论善恶
都蒙自然赐恩泽。
它给我们爱情美酒，
同生共死好朋友；
它让众生共享欢乐
天使也高声同唱歌。

欢乐，好像太阳运行
在那壮丽的天空。
朋友，勇敢的前进，
欢乐，好像英雄上战场。

亿万人民团结起来！
大家相亲又相爱！
朋友们，在那天空上，
仁爱的上帝看顾我们。
亿万人民虔诚礼拜，
拜慈爱的上帝。
啊，越过星空寻找他，

你的力量能使人们消除一切分歧，在你光辉照耀下面四海之内皆成兄弟。　　By席勒

上帝就在那天空上。

反复：
亿万人民团结起来！
大家相亲又相爱！
朋友们，在那天空上，
仁爱的上帝看顾我们。
亿万人民团结起来！
大家相亲又相爱！
欢乐女神圣洁美丽
灿烂光芒照大地！
灿烂光芒照大地！

阳光

（散文）

林海音

我的师娘从板桥乡下寄来一封信，她在信上说：

我不信你在烦嚣噪杂的台北会住得这么起劲儿，三番两次都请不动你。这里的杜鹃花早开了，我今年又把庭前美化一番，沿篱笆有一排美人蕉，进门的人行路也铺上了碎石子。你更想不到，我已经把你所讨厌的那两棵垂着长须的榕树给锯掉了，这么一来，你所喜爱的阳光便可以充分晒进这条宽宽的走廊。我在走廊的这头放一张书桌，那头摆四张藤椅和一个小圆桌。早晨我们母女三人坐在三张藤椅上沐浴阳光，——那一张空着，明明是等你，这个周末你如果再不来，你会后悔又失去一个可爱的春天。而且，清清和洁洁也真想念你。……

我接到这封信时，已经是星期六的下午了，我把信塞进外衣口袋，赶紧找出一身睡衣来，就这么简单的提了个手提袋，赶五点二十分去板桥的火车。

在火车上独坐无聊，我又把师娘的信打开来仔细读着。师娘这几年虽然老多了，记得去年她刚搬到乡下，我去时还从她头上拔下好几根白头发来。可是她永远这么富有风趣，说说笑笑和年前没有两样，但是她目前的情景和十年前却是不同了。

十年前在北平，如果是周末，你一定会在西城鲍家街一所幽静的住宅里发现我，那便是这位师娘的家。我的老师是画家兼酒家，他醒着和醉着，在我看来，好像没有什么分别。在学校里，我虽是图书课的劣等生，但在他府上，我却特别受到师娘的宠爱，原因是在另一个学校教国文的师娘，有一天偶然到我们班上参观她的丈夫教学，竟无意中发现了像她死去的妹子的我。从此周末下课后我不回自己的家，却径向鲍家街的老师家去，和疼爱我的师娘盘桓到星期日的晚上，才恋恋不舍地回家来。

鲍家街的房子是一排五间带廊的北房，那条宽宽的长廊，真令人难忘！师娘爱布置房间，走廊也不放过，廊檐下挂着两盆麦冬草，长长地垂下来，廊前石阶长年摆着四季不同的盆景，是月季，也是秋菊，廊下放有两张可以摇动的躺椅，我喜欢躺在上面，把三岁和五岁的清清、洁洁搂在身上，来回地摇着，沐浴在温暖的阳光里。这里的阳光真可爱，它穿过长廊一直送进宽大的玻璃窗，刚好落在老师的画桌上。当老师挥笔作画的时候，师娘便放下了手中的针线或学生们的作文本，给老师调色、铺纸，我们就躲在窗前看，一看就是老半天，连清清和洁洁都乖乖地不会吵。这样一家人的生活，我至今想起来，仍觉得十分的幸福。可是不知为什么，后来老师和师娘竟分了手，好像是老师有了另外的女人的关系吧，又好像没这么严重，总之，我那时还是个孩子，没有深研究过这件事，只是听人家这么讲。我又听说老师亲自送师娘和两个孩子上火车回南，竟像送一个常旅行的朋友一样，并没有一些儿女私情。后来年代久了，这件事被淡忘，大家也不再谈起。不过我一年年长大，反而对于他们的分居愈加不解，我不懂得师娘怎么会这样乐观大方，她好像完全没把那回事放在心上似的，既不怨恨也不悲观，我不信分居之时，我的师娘竟能自恃若此……

板桥到底不远，我手拿着信还在回想，却已经到站了。半年多没有来，车站也面目一新，刚站起来，车窗探进两张小圆脸儿，笑嘻嘻地喊我，原来是清清和洁洁姐儿俩来接车，俩个小姑娘的个子已经赶上了矮矮的我，一边一个，连推带挤，我们才算出了车站。

穿过镇街还要走上一段田埂，才到她们的美其名叫做“别墅”的家。在路上两个小姑娘说，今天接了我三次。“这一次再接不到，”清清说：“我妈妈说明天要到台北跟你算账！”我说：“好凶的师娘

这样一家人的生活，我至今想起来，仍觉得十分的幸福。 By 林海音

呀！”我们嘻嘻哈哈走到时，已经暮色苍茫，“别墅”在苍茫中模糊了，只见那高大的椰树在晚风中摇头，走近跟前，发现师娘正站在门前等待，她看见我来了好高兴。我说：“不失信吧？师娘！”她捏着我的嘴巴说：“小鬼！”

乡下的生产要比都市提早两小时，第二天早上七点钟，我们已经梳洗完毕，坐在廊下吃点心了，推开走廊的窗门，庭前美景立刻映入眼帘，我不由得“啊”了一声，和师娘信上所描绘的，一些也不差！师娘指着廊下的阳光说：“这阳光怎么样？和鲍家街的差不多吧！”我抚摸着被晒暖的旗袍，低头看着走廊光亮的地板，心中不禁想：阳光到处是一样的，它今天走了，明天还会来，只是师娘的头上更添了几茎白发。这家人还是这么快乐，眼见两个女儿长得亭亭玉立，做母亲的心里当然无限快慰，可是，可是，——我摇摇头，师娘说“怎样？你觉得这里的阳光不同吗？”我那时想说：“当然这不同，这儿

我更进一步的了解我的师娘，但也毋宁说，我是更进一步的了解我们女性吧！ By林海音

的阳光里究竟少了那个男主人！”可是我并没有这么说，我一抬头看见师娘慈爱而怀疑地对我望着，旁边是两张充满了稚气的笑脸，我便笑笑说：“当然不同，这里又不是鲍家街！”师娘也笑了。

回到台北，给师娘的信里，我终于忍不住地说明了我当时真正的观感，我并且说对于老师和师娘的分居始终不解，我又说我不信这些年来，师娘那种淡然处之的态度是发自心底的，我也不信当年分居之日，真像别人所说的，师娘竟是那么坚强地绝裾而去？

师娘的回信来了，果然被我一串疑问引出了她的心语，她说：

……你既然要探师娘的心底，那么我也不妨对你讲，你的师娘在她和你的老师分居之日，并没有这么硬心肠决心想拆毁一个完整的家，她只因为是一个受过教育的女性——像一切这类女性一样，当然有着她们相当程度的矜持，可是你的老师竟是这样一个缺乏了解女性的艺术家！我可以这么说，在我们分手之日，如果你的老师背抱着两个孩子向我深一步的忏悔，那时我也许会哭倒在他的怀里，我无论多么刚强，毕竟是女人。可是你的老师到底不是像你所说的那阳光——今天走了，明天还会来的，我们便这样分手了。……

我更进一步的了解我的师娘，但也毋宁说，我是更进一步的了解我们女性吧！

（选自中国广播电视出版社一九九五年版《二十世纪中国女作家散文精品》）

鸟啼

（散文）

【英】劳伦斯 译／佚名

严寒持续了好几个星期，鸟儿很快地死去了。田间与灌木篱下，横陈着田凫、椋鸟、画眉和数不清的腐鸟的血衣，鸟儿的肉已被隐秘的老饕吃净了。

突然间，一个清晨，变化出现了。风刮到了南方，海上飘来了温暖和慰藉。午后，太阳露出了几星光亮，鸽子开始不间断地缓慢而笨拙地发出咕咕的叫声。这声音显得有些吃力，仿佛还没有从严冬的打击下缓过气来。黄昏时，从河床的蔷薇棘丛中，开始传出野鸟微弱的啼鸣。

当大地还散落着厚厚的一层鸟的尸体的时候，它们怎么会突然歌唱起来？从夜色中浮起的隐约的清越的声音，使人惊讶。当大地仍在束缚中时，那小小的清越之声已经在柔弱的空气中呼唤春天了。它们的啼鸣，虽然含糊，若断若续，却把明快而萌发的声音抛向苍穹。

冬天离去了。一个新的春天的世界。田地间响起斑鸠的叫声。在不能进入的荆棘丛底，每一个夜晚以及每一个早晨，都会闪动出鸟儿的啼鸣。

它从哪儿来呀？那歌声？在这么长的严酷后，鸟儿们怎么会这么快就复生？它活泼，像泉水，从那里，春天慢慢滴落又喷涌而出。新生活在鸟儿们喉中凝成悦耳的声音。它开辟了银色的通道，为着新鲜的春日，一路潺潺而行。

当冬天抑制一切时，深埋着的春天的生机一片沉默，只等着旧秩序沉重的阻碍退去。冰消雪化之后，顷刻间现出银光闪烁的王国。在毁灭一切的冬天巨浪之下，蛰伏着的是宝贵的百花吐艳的潜力。有一天，黑色的浪潮精力耗尽，缓缓后移，番红花就会突然间显现，胜利

当冬天抑制一切时，深埋着的春天的生机一片沉默，只等着旧秩序沉重的阻碍退去。 By劳伦斯

地摇曳。于是我们知道，规律变了，这是一片新的天地，喊出了崭新的生活！生活！

不必再注视那些暴露四野的破碎的鸟尸，也无须再回忆严寒中沉闷的响雷，以及重压在我们身上的酷冷。冬天走开了，不管怎样，我们的心会放出歌声。

即使当我们凝视那些散落遍地、尸身不整的鸟儿腐烂而可怕的景象时，屋外也会飘来一阵阵鸽子的咕咕声，那从灌木丛中发出的微弱的啼鸣。那些破碎不堪的毁灭了的生命，意味着冬天疲倦而残缺不全的队伍的撤退。我们耳中充塞的，是新生的造物清明而生动的号音，那造物从身后追赶上来，我们听到了鸟儿们发出的轻柔而欢快的隆隆鼓声。

世界不能选择。我们用眼睛跟随极端的严冬那沾满血迹的骇人的行列，直到它走过去。春天不能抑制，任何力量都不能使鸟儿悄然，不能阻止大野鸽的沸腾，不能滞留美好世界中丰饶的创造，它们不可阻挡地振作自己，来到我们身边。无论人们情愿与否，月桂树总要飘出花香，绵羊总要站立舞蹈，白屈菜总要遍地闪烁，那就是新的天堂和新的大地。

那些强者将跟随冬天从大地上隐遁。春天来到我们中间，银色的泉流在心底奔涌，这喜悦，我们禁不住。在这一时刻，我们将这喜悦接受了！变化的时节，啼唱起不平凡的颂歌，这是极度的苦难所禁不住的，是无数残损的死亡所禁不住的。

多么漫长漫长的冬天，冰封昨天才裂开。但看上去，我们已把它全然忘记了。它奇怪地远离了，像远去的黑暗。看上去那么不真实，像长夜的梦。新世界的光芒摇曳在心中，跃动在身边。我们知道过去的是冬天，漫长、恐怖。我们知道大地被窒息、被残害。我们知道生命的肉体被撕裂，零落遍地。所有的毁害和撕裂，啊，是的，过去曾经降临在我们身上，曾经团团围住我们。它像高空中的一阵风暴，一阵浓雾，或一阵倾盆大雨。它缠在我们周身，像蝙蝠绕进我们的头发，逼得我们发疯。但它永远不是我们最深处真正的自我。我们就是这样，是银色晶莹的泉流，先前是安静的，此时却跌宕而起，注入盛开的花朵。

生命和死亡全部不相容。死时，生便不存在，皆是死亡，犹如一场势不可挡的洪水。继而，一股新的浪头涌起，便全是生命，便是银色的极乐的源泉。

死亡攫住了我们，一切残断，沉入黑暗。生命复生，我们便变成水溪下微弱但美丽的喷泉，朝向鲜花奔去。当炽烈而可爱的画眉，在荆棘丛中平静地发出它的第一声啼鸣时，怎能把它和那些在树丛外血肉模糊、羽毛纷乱的残骸联系在一起呢？在死亡的王国里，不会有清越的歌声，正如死亡不能美化生的世界。

鸽子，还有斑鸠、画眉……不能停止它们的歌唱。它们全身心地投入了，尽管同伴昨天遭遇了毁灭。它们不能哀伤，不能静默，不能追随死亡。死去的，就让它死去。现在生命鼓舞着、摇荡着到新的天堂，新的昊天，在那里，它们禁不住放声歌唱，似乎从来就这般炽烈。

从鸟儿们的歌声中，听到了这场变迁的第一阵爆发。在心底，泉流在涌动，激励着我们前行。谁能阻挠到来的生命冲动呢？它从陌生的地方来，降临在我们身上，使我们乘上了从天国吹来的清新柔风，就如向死而生的鸟儿一样。

光明

（诗歌）

朱自清

风雨沉沉的夜里，
前面一片荒郊。
走尽荒郊，
便是人们底道。
呀！黑暗里歧路万千，
叫我怎样走好？
“上帝！快给我些光明吧，
让我好向前跑！”
上帝慌着说，“光明？
我没处给你找！
你要光明，
你自己去造！”

一九一九年十一月二十二日

（选自上海亚东图书馆一九二四年版《踪迹》）

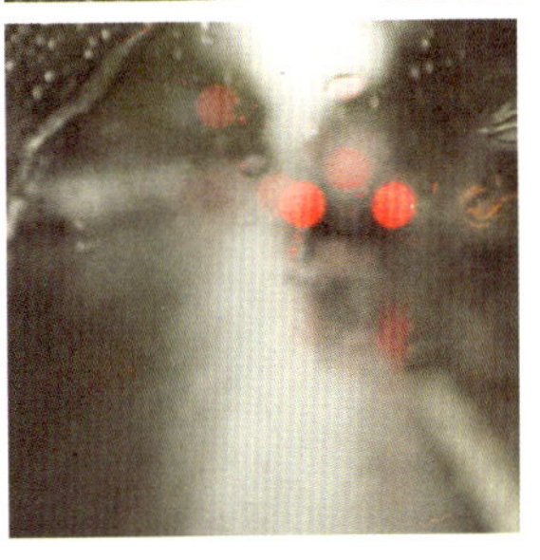

寻梦者

（诗歌）

戴望舒

梦会开出花来的，
梦会开出娇妍的花来的：
去求无价的珍宝吧。

在青色的大海里，
在青色的大海的底里，
深藏着金色的贝一枚。

你去攀九年的冰山吧，
你去航九年的旱海吧，
然后你逢到那金色的贝。

它有天上的云雨声，
它有海上的风涛声，
它会使你的心沉醉。

把它在海水里养九年，
把它在天水里养九年，
然后，它在一个暗夜里开绽了。

当你鬓发斑斑了的时候，
当你眼睛朦胧了的时候，
金色的贝吐出桃色的珠。

把桃色的珠放在你怀里，
把桃色的珠放在你枕边，
于是一个梦静静地升上来了。

你的梦开出花来了，
你的梦开出娇妍的花来了，
在你已衰老了的时候。

（原载一九三二年十一月《现代杂志》第二卷第一期）

我有一个梦想

（演讲）

【美】马丁·路德·金　译/旭旭

今天，我高兴的和大家一起参加这次将成为我国历史上为争取自由而举行的最伟大的示威集会。

100年前，一位伟大的美国人签署了解放黑奴宣言，今天我们就是在他的雕像前集会。这一庄严宣言犹如灯塔的光芒，给千百万在那摧残生命的不义之火中受煎熬的黑奴带来了希望。它之到来犹如欢乐的黎明，结束了束缚黑人的漫漫长夜。

然而100年后的今天，我们必须正视黑人还没有得到自由这一悲惨的事实。100年后的今天，在种族隔离的镣铐和种族歧视的枷锁下，黑人的生活备受压榨。100年后的今天，黑人仍生活在物质充裕的海洋中一个穷困的孤岛上。100年后的今天，黑人仍然萎缩在美国社会的角落里，并且意识到自己是故土家园中的流亡者。今天我们在这里集会，就是要把这种骇人听闻的情况公诸于众。

就某种意义而言，今天我们是为了要求兑现诺言而汇集到我们国家的首都来的。我们共和国的缔造者草拟宪法和独立宣言的气壮山河的词句时，曾向每一个美国人许下了诺言，他们承诺给予所有的人以生存、自由和追求幸福的不可剥夺的权利。

就有色公民而论，美国显然没有实践她的诺言。美国没有履行这项神圣的义务，只是给黑人开了一张空头支票，支票上盖着“资金不足”的戳子后便退了回来。但是我们不相信正义的银行已经破产，我们不相信，在这个国家巨大的机会之库里已没有足够的储备。因此今天我们要求将支票兑现——这张支票将给予我们宝贵的自由和正义的保障。

我们来到这个圣地也是为了提醒美国，现在是非常急迫的时刻。现在决非侈谈冷静下来或服用渐进主义的镇静剂的时候。现在是实现民主的诺言时候。现在是从种族隔离的荒凉阴暗的深谷攀登种族平等的光明大道的时候，现在是向上帝所有的儿女开放机会之门的时候，现在是把我们的国家从种族不平等的流沙中拯救出来，置于兄弟情谊的磐石上的时候。

如果美国忽视时间的迫切性和低估黑人的决心，那么，这对美国来说，将是致命伤。自由和平等的爽朗秋天如不到来，黑人义愤填膺的酷暑就不会过去。1963年并不意味着斗争的结束，而是开始。有人希望，黑人只要撒撒气就会满足；如果国家安之若素，毫无反应，这些人必会大失所望的。黑人得不到公民的权利，美国就不可能有安宁或平静，正义的光明的一天不到来，叛乱的旋风就将继续动摇这个国家的基础。

但是对于等候在正义之宫门口的心急如焚的人们，有些话我是必须说的。在争取合法地位的过程中，我们不要采取错误的做法。我们不要为了满足对自由的渴望而抱着敌对和仇恨之杯痛饮。我们斗争时必须永远举止得体，纪律严明。我们不能容许我们的具有崭新内容的抗议蜕变为暴力行动。我们要不断地升华到以精神力量对付物质力量的崇高境界中去。

现在黑人社会充满着了不起的新的战斗精神，但是能因此而不信任所有的白人。因为我们的许多白人兄弟已经认识到，他们的命运与我们的命运是紧密相连的，他们今天参加游行集会就是明证。他们的自由与我们的自由是息息相关的。我们不能单独行动。

当我们行动时，我们必须保证向前进。我们不能倒退。现在有人

让自由之声从密西西比的每一座丘陵响起来！ By马丁·路德·金

问热心民权运动的人：“你们什么时候才能满足？”

只要黑人仍然遭受警察难以形容的野蛮迫害，我们就绝不会满足。

只要我们在外奔波而疲乏的身躯不能在公路旁的汽车旅馆和城里的旅馆找到住宿之所，我们就绝不会满足。

只要黑人的基本活动范围只是从少数民族聚居的小贫民区转移到大贫民区，我们就绝不会满足。

只要密西西比仍然有一个黑人不能参加选举，只要纽约有一个黑人认为他投票无济于事，我们就绝不会满足。

不！我们现在并不满足，我们将来也不满足，除非正义和公正犹如江海之波涛，汹涌澎湃，滚滚而来。

我并非没有注意到，参加今天集会的人中，有些受尽苦难和折磨，有些刚刚走出窄小的牢房，有些由于寻求自由，曾在居住地惨遭疯狂迫害的打击，并在警察暴行的旋风中摇摇欲坠。你们是人为痛苦的长期受难者。坚持下去吧，要坚决相信，忍受不应得的痛苦是一种赎罪。

让我们回到密西西比去，回到亚拉巴马去，回到南卡罗来纳去，回到佐治亚去，回到路易斯安那去，回到我们北方城市中的贫民区和少数民族居住区去，要心中有数，这种状况是能够也必将改变的。我们不要陷入绝望而不可自拔。

朋友们，今天我对你们说，在此时此刻，我们虽然遭受种种困难和挫折，我仍然有一个梦想，这个梦想是深深扎根于美国的梦想中的。

我梦想有一天，这个国家会站立起来，真正实现其信条的真谛："我们认为这些真理是不言而喻的，人人生而平等。"

我梦想有一天，在佐治亚的红山上，昔日奴隶的儿子将能够和昔日奴隶主的儿子坐在一起，共叙兄弟情谊。

我梦想有一天，甚至连密西西比州这个正义匿迹，压迫成风，如同沙漠般的地方，也将变成自由和正义的绿洲。

我梦想有一天，我的四个孩子将在一个不是以他们的肤色，而是以他们的品格优劣来评价他们的国度里生活。

我今天有一个梦想。我梦想有一天，亚拉巴马州能够有所转变，尽管该州州长现在仍然满口异议，反对联邦法令，但有朝一日，那里的黑人男孩和女孩将能与白人男孩和女孩情同骨肉，携手并进。

我今天有一个梦想。

我梦想有一天，幽谷上升，高山下降；坎坷曲折之路成坦途，圣光披露，满照人间。

这就是我们的希望。我怀着这种信念回到南方。有了这个信念，我们将能从绝望之岭劈出一块希望之石。有了这个信念，我们将能把这个国家刺耳的争吵声，改变成为一支洋溢手足之情的优美交响曲。

有了这个信念，我们将能一起工作，一起祈祷，一起斗争，一起坐牢，一起维护自由；因为我们知道，终有一天，我们是会自由的。

在自由到来的那一天，上帝的所有儿女们将以新的含义高唱这支歌：“我的祖国，美丽的自由之乡，我为您歌唱。您是父辈逝去的地方，您是最初移民的骄傲，让自由之声响彻每个山岗。”

如果美国要成为一个伟大的国家，这个梦想必须实现。让自由之声从新罕布什尔州的巍峨的崇山峻岭响起来！让自由之声从纽约州的崇山峻岭响起来！”

我今天有一个梦想。
By马丁·路德·金

让自由之声从科罗拉多州冰雪覆盖的落基山响起来！让自由之声从加利福尼亚州蜿蜒的群峰响起来！不仅如此，还要让自由之声从佐治亚州的石岭响起来！让自由之声从田纳西州的了望山响起来！

让自由之声从密西西比的每一座丘陵响起来！让自由之声从每一片山坡响起来。

当我们让自由之声响起来，让自由之声从每一个大小村庄、每一个州和每一个城市响起来时，我们将能够加速这一天的到来，那时，上帝的所有儿女，黑人和白人，犹太教徒和非犹太教徒，耶稣教徒和天主教徒，都将手携手，合唱一首古老的黑人灵歌："终于自由啦！终于自由啦！感谢全能的上帝，我们终于自由啦！"

音乐便是这种带电的土壤

（演讲）

【德】贝多芬 译/佚名

有关于我的创作的一切情由，在我的感觉中都是那么神秘而不可捉摸。但我急于要说明的是，当一个主题被自然地放在了面前时，我的旋律就从热情的源泉，不择地涌现出来；我追踪它，再次热情地抓住它；我眼看着它飞逝而去，在一团变幻激情中消失得无影无踪，然后我又激情满怀，再次捕捉到了它，要我同它分离是不可能的，我只有急急忙忙地将它转调，加以展开，最后，我还是把它占有了——这就是一部交响曲啊！音乐，尽管变化多端，它归根到底是精神生活与感官生活之间的调解者。我想同歌德谈谈这个问题，他会理解我吗?

把我的意思告诉歌德吧，跟他说，要他听听我的交响曲，他就会同意我这样说是对的，音乐是种无形的东西，目标是向认识的王国挺进。这王国包括人类，人类却不能包括它……

我们不知道认识究竟能给我们带来什么。被包裹着的种子只有在潮湿、带电和温暖的土壤中才会发芽、思考和表现自己。音乐便是这种带电的土壤；在音乐中，我们的头脑可以思考，可以生活和建设一切。哲学便是头脑带电本质的结晶；哲学的目标是寻求基本原理的基础；头脑是需要借助于哲学才能达到崇高境界的；虽然头脑并不能超越产生他的东西，但它在超越的过程中却会得到幸福。所以，每种现实的艺术创造都是独立的，而且比艺术家本人更有力量，它通过艺术的表现回向神圣。艺术创造和艺术家也只有回向神圣，才能证明神圣的东西在他身上获得了调解。万物都带电，它刺激头脑去创造音乐，创造流动性的、不断往外涌现出来的东西。

我的本性也是带电的，我一定要改变我的智慧不易外露的习惯，为了表达我的智慧，我可以做到心里是怎样想的，口头上就怎样说，写信告诉歌德，问问他是否明白我所说的意思。

生活是多么广阔

（诗歌）

何其芳

生活是多么广阔，
生活是海洋。
凡是有生活的地方就有快乐和宝藏。

去参加歌咏队，去演戏，
去建设铁路，去作飞行师，
去坐在实验室里，去写诗，
去高山上滑雪，去驾一只船颠簸在波涛上，
去北极探险，去热带搜集植物，
去带一个帐篷在星光下露宿。
去过寻常的日子，
去在平凡的事物中睁大你的眼睛，
去以自己的火点燃旁人的火，
去以心发现心。

生活是多么广阔。
生活又多么芬芳。
凡是有生活的地方就有快乐和宝藏。

（原载一九四二年延安《解放日报》）

有感

（诗歌）

李金发

如残叶溅
血在我们
脚上，

生命便是
死神唇边
的笑。

半死的月下，
载饮载歌，
裂喉的音
随北风飘散。
吁！
抚慰你所爱的去。

开你户牖
使其羞怯，
征尘蒙其
可爱之眼了。
此是生命
之羞怯
与愤怒么？

如残叶溅
血在我们
脚上。

生命便是
死神唇边
的笑。

（原载商务印书馆一九二六年版《为幸福而歌》）

苏州拾梦记
（散文）

柯灵

已经将近两年了，我心里埋着这题目，像泥土里埋着草根，时时茁长着钻出地面的欲望。

因为避难，母亲在战争爆发的前夜，回到了滨海一角的家乡，独自度着她的暮年。只要一想着她，我就仿佛清楚地看见了她孤独的身影，彷徨在那遭过火灾的破楼上。可是我不能去看她，给她一点温暖。

苦难的时代普遍地将不幸散给人们，母亲所得到的似乎是最厚实的一份。她今年已经七十三岁，这一连串悠悠的岁月中，却有近五十年的生涯伴着绝望和哀痛。在地老天荒的世界里，维系着她一线生机的，除却对生命的执著，也就是后来由大伯过继给她的一个孩子——那就是我。正如小说里面所写的，她的命运悲惨得近乎离奇。二十几岁时，她作为年轻待嫁的姑娘，因为跟一个陌生男子的婚约，从江南的繁华城市，独自被送向风沙弥天的西北，把一生的幸福交托给我的叔父。叔父原只是个穷书生，那时候在潼关幕府里做点什么事情，大约已经算是较为得意，所以遣人远远地迎娶新妇去了；但主要原因，却是为着他的重病，想接了新妇来给自己冲喜。当时据说就有许多人劝她剪断了这根不吉利的红绳，她不愿意，不幸也就这样由自己亲手造成。她赶到潼关，重病的新郎由人搀扶着跟她行了婚礼，不过一个多月，就把她孤单单地撇下了。我的冷峻的父亲要求她为死者守节，因为这样才不致因她减损门第的光辉。那几千年来被认作女性的光荣的行为，也不许她有向命运反叛的勇气。——这到后来她所获得的是一方题为“玉洁冰清”的宝蓝飞金匾额，几年前却跟着我家的旧厅堂一起火化了。——就是这样，她依靠着大伯生活了许多年，也就在那些悲苦的日子里，我由她抚养着成长起来。

哦，我忘却提了，她的故乡就在那水软山温的苏州城里。

时光使红颜少女头白，母亲出嫁后却从此不再有机会踏上她出生的乡土。悠悠五十年，她在人海中浮荡。从陕西到四川，又到南国的广州。驴背的夕阳，渡头的晓月，雨雨风风都不打理这未亡人的哀乐。满清的封建王朝覆亡了，父亲丢了官，全家都回到浙东故乡，她照旧过着世代相沿的未亡人的生活。家庭逐渐堕入了困境，家里的人

人生有时不缺乏意外的奇迹。 By柯灵

逐渐死去，流散了，最后是四五年前的一把火，烧毁了残破的老家，才把这受尽风浪的老人赶到了上海。

老天怜悯！越过千山万水，迷路的倦鸟如今无意中飞近了旧枝，她应当去重温一次故园风物！

可是一天的风云已经过去，她疲倦的连一片归帆也懒得挂起，“算了吧，家里人都完了，亲戚故旧也没有音讯了，满城陌生人，有什么意思！”她笑，那是饱孕了人生的辛酸，像蓦然梦醒，回想起梦中险虐似的，庆幸平安的苦笑。接着吐出个轻轻的叹息：“嗳，苏州城里我只惦记着一个人，那是我的小姊妹，苦苦劝我退婚的是她，（我当时怎么肯！）出嫁时送我上船，泪汪汪望着我的是她！听说而今还在呢，可不知道什么样儿了？有机会让我见她一面才好！”蹉跎间这愿望却也延宕了两年。

一直到前年春天，我才陪着她完成了这伤感的旅行。

是阴天，到苏州车站时已经飘着沾衣欲湿的微雨。雇一辆马车进城，得得的蹄声在石子路上散落。当车子驶过一条旅馆林立的街道，她看看夹道相迎的西式建筑，恰像是乡下孩子闯进了城市，满眼是迷离好奇的光。我对着这地下的天堂祝告：苏州城！你五十年前嫁出去的姑娘，今天第一次归宁了。那是你不幸的女儿，为着乡土的旧谊，人类的同情，你应当张开双臂，给她个含笑的欢迎！

但时间是冷酷的家伙，一经阔别便不再为谁留下旧时痕迹，每过一条街，我告诉母亲那街道的名字，每一次，她都禁不住惊讶得忽地失笑："哎哟，怎么！这是什么街？不认得了，一点也不认得了！"

在观前街找个旅馆，刚歇下脚，心头的愿望浮起。燕子归来照例是寻觅旧巢，她一踏上这城市，急着要见的是那少年的旧侣。可是我们向哪儿去找呢？这栉比的住房，这稠密的人海，白茫茫无边无岸，知是在谁家哪巷？纵使几十年风霜没有损伤了当年的佳人，也早该白发萧萧，见了面也不再相认了，但我哪有勇气回她个不字？

母亲在娘家时开得有一家烛铺，后来转让的主人就是那闺友的父亲，想着这些年来世事的兴替，皇室的江山也还给了百姓，一家烛铺的光景大约未必便别来无恙。但母亲忽然飞来的聪明记起了它。向旅馆的茶房打听得苏州还有着这个店号，我就陪着她向大海捞针。

烛铺子毕竟比人经得起风霜，虽然陈旧，却还在闹喧喧的街头兀立。母亲高兴地迎上去，便向那店伙问讯："对不起，从前这儿的店主人，姓金的，你知道他家小姐嫁在哪一家，如今住在哪里？”

我站在一旁怀着凭吊古迹似的心情，这老人天真的问话却几乎使我失笑。那店伙年轻呢，看年纪不过二十开外，懂得的历史未必多，“小姐”这名词在他心里岂不是一个娇媚的尤物？我只得替她补充：金小姐，那是几十年前的称呼，如今模样该像母亲似的一位老太太了。听着我的解释，那店伙禁不住笑了起来。

人生有时不缺乏意外的奇迹，这一问也居然问出了端倪。我们依着那烛铺的指点，又辗转访问了两处，薄暮时到了巷尾一家古旧的黑漆门前。

剥啄地叩了一阵，一位祥和的老太太把我们迎接了进去。可是她不认得这突兀的来客。

“找谁，你们是找房子的？”

“不，是找人，请问有一位金小姐可住在这里？”

主人呆了半天，仿佛没有听清意思。“哎哟！”母亲这一声却忽然惊破了小院黄昏的静寂，她惊喜地一把拖住了主人。

“哦，你是金妹！”

“哦，你是……三姐！”

夜已经无声地落在庭院里了，还是霏霏的雨。从一对老年人莹然欲涕的眼睛里，我看出比海还深的人世的欢喜与辛酸，体味着不能用

明儿我们看得见的，是天上那终古不变的旧时明月！　　By柯灵

语言表达的奥妙的意思。我的心沉重得很，也轻松得很。我像在一霎时间经历了半世纪。感谢幸运降临于我不幸的母亲！

把母亲安顿在她旧侣的家里，我自己仍然在旅舍里住着。

春快要阑珊了！天气正愁人，我在苏州城里连听了三天潺潺的春雨。冒着雨我爬过一次虎邱，到冷落的留园和狮子林徘徊了一阵。我爱这城市的苍茫景色，静的巷，河边的古树，冷街深闭的衰落的朱门。可是在这些雾似的情调里，有多少无辜的人们，在长久的岁月中度着悲剧生涯？

但我为母亲的奇遇高兴。五十年旧梦从头细数，说是愁苦也许是快乐。人类的聪明并不胜如春蚕，柔情的丝缕抽完了还愿意呕心沥血；一生的厄运积累得透气的空隙也没有，有时只要在一个——仅仅一个可以诉苦的人面前赢得一声同情和温慰，也可以把痛苦洗涤干净。我不能想象母亲的情怀，愿这次奇遇抖落她过去的一切……

第四天晚上离开苏州时，天却晴了，一钩新月挂在城头，天上鳞鳞的云片都镶着金边。——好会捉弄人的天！路畔一带婆娑的柳影显得幽深而宁静，却有蹄声得得，穿过柳荫，向那行色倥偬的车站上响去。别了，古旧的我的母乡苏州！明儿我们看得见的，是天上那终古不变的旧时明月！

别离的哀伤又在刺着衰老的心了。可是从母亲的脸上，我看见了一片从来没有的光辉。“嗳，总算看见她了！做梦也想不到。她约我秋天再来，到她家里多住一阵子。也好，大家都老了，多见一面是一面。”我知道，她在庆幸她还了多少年来的宿愿。

可是就在这一年的夏天，时局起了激变。

在上海暴风雨的前夜，母亲回到了残破的家乡，一年半来她就像被扔在一边似的生活着；而她的早已无家的母乡，落入魔掌也一年多了。在这风雪的冬天，破楼上摇曳着的煤油灯下，不会埋怨这年代的过于冷酷吗？我不禁时时想起我的母亲，和这场战争中一切母亲的命运。

可是母亲却惦记着苏州，惦记着苏州的旧侣，絮絮地从信里打听消息。可怜的母亲，我可以告诉您吗？您的母乡正遭着空前的浩劫。您的唯一的旧侣，我不敢想象她家里的光景。有一时我常常把一件事情引为自慰，那就是那一次苏州的旅行，我想如果把那机会放走了，怕也要永远无法挽回。但我如今倒有些失悔了，没有那一次坠梦的重拾，也许这不幸的消息给她的分量还要轻些？我又怀着一种隐忧：“树高千丈，落叶归根。”母亲说过她愿意长眠在祖茔所在的乡土，她会不会再在晚年沦入奴隶的恶运？

一九三九年一月

（原载上海文化生活出版社一九四一年九月版《阿明》）

时 光 电 影 院

经历过，历练过以后

一个人，唯有经历过生命中
无数的繁华和苍凉，才会变得成熟

秃的梧桐

（散文）

苏雪林

“这株梧桐，怕再也难得活了！”

人们走过秃梧桐下，总这样惋惜地说。

这株梧桐，所生的地点，真有点奇怪，我们所住的屋子，本来分作两下给两家住的，这株梧桐，恰恰长在屋前的正中，不偏不倚，可以说是两家的分界牌。

屋前的石阶，虽仅有其一，由屋前到园外的路却有两条——一家走一条，梧桐生在两路的中间，清荫分盖了两家的草场，夜里下雨，潇潇淅淅打在桐叶上的雨声，诗意也两家分享。

不幸园里蚂蚁过多，梧桐的枝干，为蚂蚁所蚀，渐渐地不坚牢了。一夜雷雨，便将它的上半截劈折，只剩下一根二丈多高的树身，立在那里，亭亭有如青玉。

春天到来，树身上居然透出许多绿叶，团团附着树端，看去好像是一棵棕榈树。

谁说这株梧桐，不会再活呢？它现在长了新叶，或者更会长出新枝，不久定可以恢复从前的美荫了。

一阵风过，叶儿又被劈下来。拾起一看，叶蒂已被啮断了三分之二，又是蚂蚁干的好事。哦，可恶！

但勇敢的梧桐，并不因此挫了它求生的志气。

蚂蚁又来了，风又起了，好容易长得巴掌大的叶儿又飘去了。但它不管，仍然萌新的芽，吐新的叶，整整地忙了一个春天，又整整地忙了一个夏天。

秋来，老柏和香橙还沉郁地绿着，别的树却都憔悴了。年近古稀的老榆，护定它青青的叶，似老年人想保存半生辛苦贮蓄的家私，但哪禁得西风如败子，日夕在它耳畔絮聒？现在它的叶儿已去得差不多，园中减了葱茏的绿意，却也添了蔚蓝的天光。爬在榆干上的薜荔，也大为喜悦，上面没有遮蔽，可以酣饮风霜了。它脸儿醉得枫叶般红，陶然自足，不管垂老破家的榆树，在它头上瑟瑟地悲叹。

大理菊东倒西倾，还挣扎着在荒草里开出红艳的花。牵牛的蔓，早枯萎了，但还开花呢，可是比从前纤小，冷风凉露中，泛满浅紫嫩红的小花，更觉娇美可怜。还有从前种麝香、连理花和凤仙花的地里，有时也见几朵残花，秋风里，时时有玉钱蝴蝶，翩翩飞来，停在花上，好半天不动，幽情凄恋。它要僵了，它愿意僵在花儿的冷香里！

这时候，园里另外一株桐树，叶儿已飞去大半，秃的梧桐，自然更是一无所有，只有亭亭如青玉的干，兀立在惨淡斜阳中。

“这株梧桐，怕再也不得活了！”

人们走过秃梧桐下，总是这样惋惜似的说。

但是，我知道明年还有春天要来。

明年春天仍有蚂蚁和风呢！

但是，我知道有落在土里的桐籽。

（选自上海北新书店一九二八年版《绿天》）

尘世是唯一的天堂

（散文）

林语堂

我们的生命总有一日会灭绝的，这种省悟，使那些深爱人生的人，在感觉上增添了悲哀的诗意情调。然而这种悲感却反使中国的学者更热切深刻地要去领略人生的乐趣。这看来是很奇怪的。我们的尘世人生因为只有一个，所以我们必须趁人生还未消逝的时候，尽情地把它享受。如果我们有了一种永生的渺茫希望，那么我们对于这尘世生活的乐趣便不能尽情地领略了。基士爵士（Sir Arthur Keith）曾说过一句和中国人的感想不谋而合的话："如果人们的信念跟我的一样，认尘世是唯一的天堂，那么他们必将更竭尽全力把这个世界造成天堂。"苏东坡的诗中有"事如春梦了无痕"之句，因为如此，所以他那么深刻坚决地爱好人生。在中国的文学作品中，常常可以看到这种"人生不再"的感觉。中国的诗人和学者在欢娱宴乐的时候，常被这种"人生不再"、"生命易逝"的悲哀感觉所烦扰，在花前月下，常有"花不常好，月不常圆"的伤悼。李白在《春夜宴桃李园序》

一篇赋里，有着两句名言：“浮生若梦，为欢几何？”王羲之在和他的一些朋友欢宴的时候，曾写下《兰亭集序》这篇不朽的文章，它把“人生不再”的感觉表现得最为亲切：

永和九年，岁在癸丑，暮春之初，会于会稽山阴之兰亭，修禊事也。群贤毕至，少长咸集。此地有崇山峻岭，茂林修竹，又有清流激湍，映带左右，引以为流觞曲水，列坐其次。虽无丝竹管弦之盛，一觞一咏，亦足以畅叙幽情。是日也，天朗气清，惠风和畅，仰观宇宙之大，俯察品类之盛，所以游目骋怀，足以极视听之娱，信可乐也。

夫人之相与，俯仰一世，或取诸怀抱，悟言一室之内；或因寄所托，放浪形骸之外；虽趣舍万殊，静躁不同，当其欣于所遇，暂得于已，快然自足，不知老之将至；及其所之既倦，情随事迁，感慨系之矣！向之所欣，俯仰之间，已为陈迹，犹不能不以之兴怀；况修短随化，终期于尽。古人云：“死生亦大矣。”岂不痛哉！每览昔人兴感之由，若合一契，未尝不临文嗟悼，不能喻之于怀。固知一死生为虚诞，齐彭殇为妄作。后之视今，亦犹今之视昔，悲夫！故列叙时人，录其所述，虽世殊事异，所以兴怀，其致一也。后之览者，亦将有感于斯文。

我们都相信人总是要死的，相信生命像一支烛光，总有一日要熄灭的，我认为这种感觉是好的。它使我们清醒，使我们悲哀，它也使某些人感到一种诗意。此外还有一层最为重要：它使我们能够坚定意志，去想法过一种合理的、真实的生活，随时使我们感悟到自己的缺

它使我们清醒，使我们悲哀，
它也使某些人感到一种诗意

By 林语堂

点。它也使我们心中平安。因一个人的心中有了那种接受恶劣遭遇的准备，才能够获得真平安。这由心理学的观点看来，它是一种发泄身上潜力的程序。

中国的诗人与平民，即使是在享受人生的乐趣时，下意识里也常有一种好景不常的感觉，例如，在中国人欢聚完毕时，常常说："千里搭凉棚，没有不散的宴席。"所以人生的宴会便是尼布甲尼撒（Nebuchadnezzar，古代的古巴比伦王，以强猛、骄傲、奢侈著称）的宴会。这种感觉使那些不信宗教的人们也有一种神灵的意识。他观看人生，好比是宋代的山水画家观看山景，是给一层神秘的薄雾包围着的，或者是空气中有着过多的水蒸气似的。

我们消除了永生观念，生活上的问题就变得很简单了。问题就是这样的：人类的寿命有限，很少能活到七十岁以上，因此我们必须把生活调整，在现实的环境之下尽量地过着快乐的生活。这种观念就是

我们消除了永生观念，生活上的问题就变得很简单了。 By 林语堂

儒家的观念。它含着浓厚的尘世气息，人类的活动依着一种固执的常识而行，他的精神就是桑塔耶纳所说把人生当作人生看的“动物信念”。这个根据动物的信念，我们可以把人类和动物的根本关系，不必靠达尔文的帮助，也能做一个明慧的猜测，这个动物的信念使我们依恋人生——本能和情感的人生——因为我们相信：既然大家都是动物，所以我们只有在正常的本能上获得正常的满足，我们才能够获得真正的快乐。这包括着生活各方面的享受。

这样说起来，我们不是变成唯物主义者了吗？但是这个问题，中国人是几乎不知道怎样回答的。因为中国人的精神哲理根本是建筑在物质上的，他们对于尘世的人生，分不出精神或是肉体。无疑地，他爱物质上的享受，但这种享受就是属于情感方面的。人类只有靠理智才能分得出精神和肉体的区别，但是上面已经说过，精神和肉体享受必须通过我们的感官。音乐无疑地是各种艺术中最属于心灵的，它能够把人们高举到精神的境界里去，可是音乐必须通过我们的听觉。所以对于食物的享受为什么跟交响曲相比更不属于心灵的这一问题，中国人实在有些不明白。我们只有在这种实际的意义上，才能意识到我们所爱的女人。我们要分别女人的灵魂和肉体是不可能的。我们爱一个女人，不单是爱她外表的曲线美，并且也爱她的举止、她的仪态、她的眼波和她的微笑。那么，这些是属于肉体的呢，还是精神的呢？我想没有人能回答出来吧。

这种人生现实性和人生精神性的感觉，中国的人性主义是赞成的，或者可以说它是得到中国人全部思想方法和生活方法的赞成的。简单讲来，中国的哲学，可说是注重人生的知识而不注重真理的知识。中国哲学家把一切的抽象理论撇开不谈，认为和生活问题不发生关系，以为这些东西是我们理智上所产生的浅薄感想。他们只把握人生，提出一个最简单的问题：“我们怎样地生活？”西方哲学在中国人看来是很无聊的。西方哲学以论理或逻辑为基点，着重研究知识方法的获得，以认识论为基点，提出知识可能性的问题，但最后关于生活本身的知识却忘记了，那真是愚蠢琐碎的事，像一个人，只谈谈恋爱求求婚，而并不结婚生子；又像操练甚勤的军队不开到战场上去正式打仗。法国的哲学家要算最无谓，他们追求真理，如追求爱人那样的热烈，但不想和她结婚。

（选自陕西师范大学出版社二零零六年版《生活的艺术》）

帆

（诗歌）

【俄】莱蒙托夫 译/许默

在那大海上淡蓝色的雾霭茫茫里，
有一片孤帆儿闪耀着白光！
它要到遥远的异地？
它把什么抛弃在可爱的故乡？

波涛在汹涌——海风在呼啸，
桅杆弓起了腰在嘎吱作响……
唉！它不是在寻求什么幸福，
也不是逃避幸福而奔向他方！

下面涌着的是比蓝天还清澄的碧流，
上面洒着的是金黄色灿烂的阳光……
而它，却不安分地在祈求风暴，
仿若在风暴中才有着安祥！

生活之恶

（诗歌）

【意】蒙塔莱　译／吕同六

我时时遭遇
生活之恶的侵袭：
它似乎喉管被扼断的溪流
暗自啜泣，
似乎炎炎烈日下
枯黄萎缩的败叶，
又似乎鸟儿受到致命打击
奄奄一息。

我不晓得别的拯救
除去清醒的冷漠：
它似乎一尊雕像
正午时分酣睡朦胧，
一朵白云
悬挂于清明的蓝天，
一只大鹰
悠悠地翱翔于苍穹。

冬日抒情

（散文）

郁风

冬天是透明的。

透过稀疏的树枝可以看到湖上的冰雪，看到远山和村庄，看到像蚂蚁那么小的一串行人。冬天就像它结成的冰那样透明，像X射线可以透视人体的骨骼，冬天可以使人透视宇宙的心脏。

冬天使人清醒。

一个朋友告诉我一个海外游子的故事：他是个音乐家，多年前由于不得已的原因，去了新加坡；后来担任了一个乐队的第一提琴手，并把家属接了去。以后他每年冬天都要独自回国一次，他说就是为了要呼吸一下祖国的冬天的凉气，那使他浑身舒适、头脑清醒的凉气。

因此我也想到南国的冬天，去年此时我正在广州，在那满是绿叶覆盖的丛林中，我发现有一种无叶的树，枯枝上面开出火红的花，而那花朵是由一串像尖尖的红辣椒似的花瓣组成的。我惊喜地向本地人

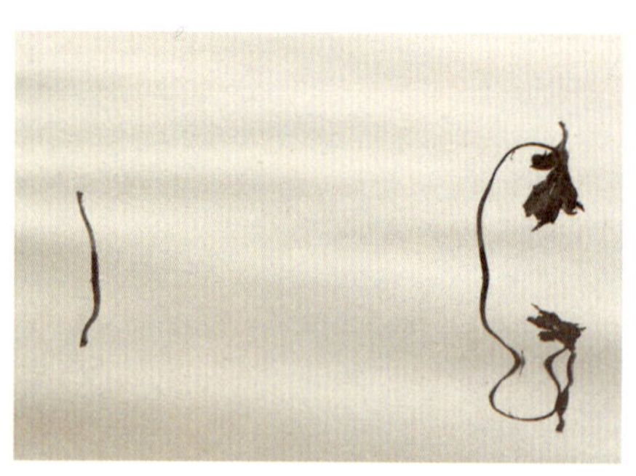

在很短的生命中，一旦失去照顾便萎谢了。 By郁风

打听，原来它叫象牙红，只在春节前后才有红花，过了严冬就长满树叶了。过去在诗画中都未见过象牙红，最近出版的诗集《龙胆紫集》，是李锐同志在“四人帮”迫害下蹲监狱时用龙胆紫药水写下的。赵朴初同志读后赠作者一首词中，有一联对仗非常工整的句子：

血凝龙胆紫
花发象牙红

巧妙还不在于对仗工整，如果你能看到那高大的扭曲伸展的枯枝上开出火红花朵（其实不是花朵，可能是果实）的象牙红树的形象，你就更能体会“花发”与“血凝”的对立和联系了。

冬天的水仙也是很美的，然而它的性格和象牙红恰好相反，它必须在温室中，必须不多不少的水分和阳光，才能保持冰肌雪骨，像凌波仙子那样亭亭玉立！在很短的生命中，一旦失去照顾便萎谢了。

水仙开过，冬天就快要过去了。湖边的冰开始解冻了，老于经验的人却知道湖中心的冰有二尺多厚，一时化不了。可岸边已闪亮着水光，看不清哪里是结实的冰，哪里是薄冰上漂着水，要走到湖中心，必须先从岸边走起。孩子们被吸引着比赛试履薄冰的胆量，冰上发出嘎吱嘎吱的响声，一个、两个、三个……走过去了，发出胜利的欢笑。

“冬天来了，春天还会远吗？”这句名诗几十年来不断被人引用，无非是象征着希望。然而，自然的规律，时间的循序是必然的；人间的规律虽也有必然性，却可迟可早。在这透明的冬天里，人们可以用清醒的头脑，认清脚下的路，但还得一步一步地走，躺着不动或再走弯路，都会推迟希望的实现。

一九八一年二月十三日于北京西郊藻鉴堂

（选自中国广播电视出版社一九九五年版《二十世纪中国女作家散文精品》）

夜语

（散文）

艾雯

如果白日教人以勤劳，那么黑夜便告诉人静思。白天里被那些琐碎、繁冗的俗务搅乱了思想，就像一池激动混浊的池水，在晚上平静下来慢慢地澄清了。

人也只有在那一刻澄清时，映出了真正的自己。没有披世故的外衣，没有戴虚伪的面具，有人认为白天的自己是做人成功的一面，而晚上的自己是比较可爱的一面。我不知道你喜欢哪一面？而我自己，却是宁取后者，因此，我不否认，做人，我是属于失败者。

也许，由于我是失败者，也就更偏爱人性那一份真，我珍视每一刻思想上的澄清时，就如我喜欢每一个静夜的来临。

如今，现在，又是个深静的夜晚，窗外的月色遮夺了室内朦胧的灯光，连稿纸上的字粒都显得黯淡呆滞了。我无心再做填格子的工作，搁下笔，熄了灯，悄悄地走出屋子。银色的月光像一片沉寂无波的水，小园是艘绿舟，系在沉寂的窗前，这一刻，窗里的人都已睡着，老人家带着操劳了一天的疲倦，年轻的拥着一个属于明天的绮梦，孩子的枕畔还搁着那本厚重的升学指导，她们都睡得那么香甜，那么安宁，就像园里那株浴着月光养神的大榕树，和那两株花茎低垂、花瓣微合的玫瑰和百合，在这样的深夜，梦之神用她透明的双翼遮庇着一切生物的深夜，只有我尚未入睡，独坐台阶上抱膝望月。还有你，你还没有回来，也不知又是被永远开不完的会羁留了，抑是为那些应酬不完的应酬所耽住。宛如那蜘蛛有一辈子吐不尽的丝，织不完的网，仿佛你就有那许多忙不尽的工作和应酬。我忽然想起了一篇叫《缀网劳蛛》的文章。内容已记不清了，但那个题目《缀网劳蛛》却给我留下了很深的印象，你说，蜘蛛无休无止地只在网上穿缀织补，究竟是聪明的举止还是有点傻呢?

聪明或傻，人类心里似乎还缺少那么一座公平的天秤，没有一个聪明人会认为自己在做傻事，也没有一个傻子会觉得自己做的不是聪明事。

其实在皎洁的月光下想这些，说这些，不也不够聪明么？白昼，人与现实纠缠在一起，已耗尽了精力，晚上，尤其是在月光下，为什么不想些属于心灵的、美好而缥缈不可捉摸的事物？能够忘掉一会现实，世界会变得美丽一些，也宽广一些。也许你会说，人活着是不能脱离现实的，就像草木不能离开泥土一样。是的，我不否认这一点，但是，草木除了在土里扎根，它们也吸阳光来丰富生命，吸取雨露来润泽青春。还有朝岚晚霞，月色星光，渲染得一片绚丽，人又为什么不能在现实生活之外，有一点美，有一点诗和梦！除非是心灵沉浊了，由于尘垢的淤积，灵魂甜睡了，在那自满的厚褥上。

月亮升得更高，晶莹玲珑，却不是浑圆，不晓得今夕是农历十二十三，抑是十七十八日，而我总是比较喜欢于前者的月亮。十五的月亮是圆的，圆代表着完整、圆满，也象征着完成和满足，已经是完成了、满足了，便没有什么需要增添，需要期待，需要追求：这宛如人生攀上了成功的高峰，一阵高兴，一阵自豪，时间逝去，却也就日趋平淡。那成功的绚烂日渐失去光彩，就像十七十八的下弦月，一天一天消减、消失，而十二十三那待圆未圆的月亮，寓有希望、寓有期待，人生不全由于“希望”和“期待”，才奋斗下去，活下去！

我凝视着月亮，月亮也投射它柔和的光辉在我身上。默默伴着我的是自己的影子，不知为什么月光下的显得瘦弱伶仃，怯怯地依着我仿佛夜凉不胜寒。在这样幽静的月夜，说话常常是多余的。高谈阔论显得蠢，谈生活上的琐事显得寒伧，谈事业沉重了些，谈学问有点嫌酸，谈风花雪月又显得轻浮，客套应酬更是俗不可耐。若没有那样一

我珍视每一刻思想上的澄清时，就如我喜欢每一个静夜的来临。　By艾斐

个有着深深的默契，彼此心灵偎依、气息相投的挚友共赏明月，共享月夜那一份清幽超尘的气氛，那么默默相随的影子，该是最好最忠实的友伴了——我悄然回顾，影子默然，我也无语，只凉风吹落三五片树叶，吹散一地花影，夜更深了。

有一辆单车经过门外的小巷，静寂中越显出车轮辗着石子嗞嗞的声响。伏在我脚下的狗警觉地竖起了耳朵，但嗞嗞声过去，远了，它又松懈地垂下耳朵，把头伏在石阶上安然睡去。不一会喉咙头发出低低的呜呜声，四肢微微抽搐，它也在做梦呢，不知是梦着奔驰在它祖先发源的荒山深谷，抑是为一块骨头在打架？我轻轻拍着它的头，它便不响了，一只萤火虫从它身前飞过，歇在一丛草上，不住打着它的小灯笼一闪一闪照亮它选择的眠床，突然在一黑之后便不再亮了，想

我将一分一秒，用笔尖刻画掉漫漫长夜。 By艾雯

来已熄灯安息，很轻微、很幽细地，一只蟋蟀开始奏起了安息曲。

小园幽僻的一角，月光照不透簇拥着的三五株树丛涵满了阴影，在满园明澈如水的情调中，独显得森严、肃穆。我望着望着，但觉自己澄清如水的思念上，也不知不觉轻轻笼上一阵阴影，是寂寞吗？抑是别的，我不喜欢它，我更不能让它扩展，遮掩了一切，我需要思想上的另一阵清风，把它吹散，把它拂除，于是，我从冰凉的台阶上站了起来，才发觉衣襟已被夜露沾湿了。

小巷里依然没有车声或脚步声。但我不想再为等待而等待。

我悄悄地回到屋子里，悄悄地开亮台灯，重又执起笔来，趁着这一刻澄清，我还得把我心灵的声音，谱入字句，填入格子。我将一分一秒，用笔尖刻画掉漫漫长夜。

（选自中国广播电视出版社一九九五年版《二十世纪中国女作家散文精品》）

豹
——在巴黎植物园
（诗歌）

【奥】里尔克 译／冯至

它的目光被那走不完的铁栏
缠得这般疲倦，什么也不能收留。
它好像只有千条的铁栏杆，
千条的铁栏后便没有宇宙。

强韧的脚步迈着柔软的步容，
步容在这极小的圈中旋转，
仿佛力之舞围绕着一个中心，
在中心一个伟大的意志昏眩。

只有时眼帘无声地撩起。——
于是有一幅图像浸入，
通过四肢紧张的静寂——
在心中化为乌有。

美好的一天

（诗歌）

【波】米沃什 译/薛菲

多美好的一天啊！
花园里干活儿，晨雾已消散，
蜂鸟飞上忍冬天的花瓣。

世界上没有任何东西我想占为己有，
也没有任何人值得我深深地怨；
那身受的种种的不幸我早已忘却，
依然故我的思想也纵使我难堪，
不再考虑身上的创痛，
我挺起身来，
前面是蓝色的大海，点点白帆。

远处的青山

（散文）

【英】高尔斯华绥　译／高健

不仅仅是在这刚刚过去的三月里（但已恍如隔世），在一个充满着痛苦的日子——德国发动它最后一次总攻的那个星期天，我还登上过那座青山呢。正是那个阳光美好的天气，南坡上的野茴香浓郁扑鼻，远处的海面一片金黄。我俯身草上，暖着面颊，一边因为那新的恐怖而寻找安慰，这进攻发生在连续四年的战祸之后，益发显得酷烈出奇。

“但愿这一切快结束吧！”我自言自语道，“那时我就又能到这里来，到一切我熟悉的可爱的地方来，而不致这么神伤揪心，不致随着我的表针的每下滴答，就有一批生灵惨遭涂炭。啊，但我又能——难道这事就永无完结了吗？”

现在总算有了完结，于是我又一次登上这座青山，头顶是沐浴着十月的阳光，远处的海面一片金黄。这时心头不再感到痉挛，身上也不再有毒氛侵袭。和平了，仍然有些难以相信。不过再不用过度紧张地去顷听那永无休止的隆隆炮声，或去观看那些倒毙的人们、张裂的伤口与死亡。和平了，真的和平了！战争继续了这么长久，我们不少人似乎已经忘记了一九一四年八月战争全面爆发之初的那种盛怒与惊愕之感。但是我却没有，而且永远不会。

在我们和一些人中——我以为实际在相当多的人中，只不过他们表达不出罢了——这场战争主要会给他们留下了这种感觉：“但愿我能找到这样一个国家，那里人们所关心的不再是我们一向所关心的那

我终于能够一动不动地凝视着晴空，那么澄澈的蔚蓝，而不会时刻受着悲愁的拘牵。 By高尔斯华绥

些，而是美丽，是自然，是彼此仁爱相待。但愿我们能找到那座远处的青山！”关于俄忒克里托斯的诗篇，关于圣弗西斯的高风，在当今的各个国家里，正如东风里草上的露珠那样，早已渺不可见。即或过去我们的想法不同，现在我们的幻想也破灭。不过和平终归已经到来，那些新近屠杀掉的人们的幽魂总不致再随着我们呼吸而充塞在我们胸膛。

和平之感在我们的思想上正一天天变得愈益真实和愈益与幸福相连。此刻我已能在这座青山之上为自己还能活在这样一个美好的世界而赞美造物主。我能在这温暖阳光的覆盖之下安然睡去，而不会睡后又是过去的那种恹恹欲绝。我甚至能心情欢快地去做梦，不致醒后好梦打破，而且即使做了噩梦，睁开眼睛后也就一切消失。我可以抬头仰望那蔚蓝的晴空而不会突然瞥见那里拖曳着一长串狰狞可怖的幻象，或者人对人所干出的种种伤天害理的惨景。我终于能够一动不动地凝视着晴空，那么澄澈的蔚蓝，而不会时刻受着悲愁的拘牵；或者俯视那光艳的远海，而不致担心波面上再会浮起屠杀和血污。

天空中各种禽鸟的飞翔，海鸥、白嘴鸭以及那些往来徘徊于白垩坑边的棕色小东西对我都是欣慰，它们是那样的自由自在，不受拘束。一只画眉正鸣啭在黑莓丛中，那里叶间还晨露未干。轻如蝉翼的新月依然隐浮在天际；远处不时传来熟悉的声籁；而阳光正暖着我的脸颊。这一切都是那么愉快。这里见不到凶猛可怕的苍鹰飞扑而下，把那快乐的小鸟攫去。这里不再有歉疚不安的良心把我从这逸乐之中唤走。到处都是无限欢欣，完美无瑕。这里张目四望，不管你看看眼前的蜗牛甲壳，雕镂刻画得那般精致，恍如童话里小精灵头上的细角，而且角端作蔷薇色；还是俯瞰从此处至海上的一带平芜，它浮游于午后阳光的微笑之下，几乎活了起来，这里没有树篱，一片空旷，但有许多炯炯有神的树木，还有那银白的海鸥，翱翔在色如蘑菇的耕地或青葱翠绿的田野之间；不管你凝视的是这株小小的粉红雏菊，而且慨叹它的生不逢时，还是注目那棕红灰褐的满谷林木，下面乳白的流云低低悬垂，暗影浮动——一切都是那么美好，这是只有大自然在一个风和日丽的天气，而且那观赏大自然的人的心情也分外悠闲的时候，才能见到的。

在这座青山之上，我对战争与和平的区别也认识得比往常更加透彻。在我们的一般生活中，一切几乎没有发生多大改变——我们并没有领得更多的奶油或更多的汽油，战争的外衣与装备笼罩着我们，报刊杂志上还充溢着敌意和仇恨；但是精神情绪上我们确已感到了巨大差别，那久病之后逐渐死去还是逐渐恢复的巨大差别。据说，此次战争爆发之初，曾有一位艺术家闭门不出，把自己关在家中和花园里面，不订报纸、不会宾客，耳不闻打伐之声，目不睹战争之形，每日唯以作画赏花自娱——只不知他这样继续了多久。难道他这样作法便是聪明，还是他所感到的痛苦比那些不知躲避的人更加厉害？难道一个人连自己头顶上的苍穹也能躲得开吗？连自己同类的普遍灾难也能无动于衷吗？

整个世界逐渐恢复——生命这株伟大花朵的慢慢重放——在人的感觉与印象上的确是再美不过的事了。我把手掌狠狠地压在草叶上，然后把手拿开，再看看那草叶慢慢直了过来，脱去它的损伤。我们自己的情形也正是如此。战争的创伤已深深侵入我们身心，正如严霜侵入土地那样。在为了打人流血这桩事情而在战斗、护理、宣传、文字、工事，以及计数不清的各个方面而竭力努力的人当中，很少人是出于对战争的真正的热忱才去做的。但是，说来奇怪，这四年来写的一篇最优美的诗歌亦即朱利安·克伦菲尔的《投入战争！》，竟是纵情讴歌战争之作！但是如果我们能把自那第一声战斗号角之后一切男女对战争所发出的深切诅咒全都聚集起来，那些哀歌之多恐怕连笼罩地面的高空也盛装不下。

战争的创伤已深深侵入我们身心，正如严霜侵入土地那样。

By高尔斯华绥

然而那美与仁爱所在的“青山”离开我们还很遥远。什么时候它会更近些？人们甚至在我所偃卧的这座青山也打过仗。根据在这里白垩与草地上的工事的痕迹，这里还曾住宿过士兵。白昼与夜晚的美好、云雀的欢歌、花香与芳草、健美的欢畅、空气的澄鲜、星辰的庄严、阳光的和煦，还有那清歌与曼舞、淳朴的友情，这一切都是人们渴求不餍的。但是我们却偏偏要去追逐那浊流一般的命运。所以战争能永远停止吗？……

这是四年零四个月以来我再也没有领略过的快乐，听任思想自由飞翔，那安祥如海面上轻轻袭来的和风，那幸福如这座青山上的晴光。

热爱生命

（散文）

【法】蒙田 译/刘恋

我赋予某些词语特殊的含义。拿“度日”来说吧，天色不佳，令人不快的时候，我将“度日”看作是“消磨光阴”，而风和日丽的时候，我却不愿意去“度”，这时我在慢慢赏玩、领略美好的时光。

坏日子，要飞快去“度”，好日子，要停下来细细品尝。“度日”“消磨时光”的常用语令人想起那些“哲人”的习气。他们以为生命的利用不外乎将它打发，消磨，并且尽量回避它，无视它的存在，仿佛这是一件苦事、一件贱物似的。至于我，我却认为生命不是这个样的，我觉得它值得称颂，富有乐趣，即使我到了垂暮之年也还是如此。我们的生命来自自然的恩赐，它是优越无比的，如果我们觉得不堪生之重压或是白白虚度此生，那也只能怪我们自己。

“糊涂人的一生枯燥无味，躁动不安，却将全部希望寄托于来世。”

不过，我却随时准备告别人生，毫不惋惜。这倒不是生之艰苦或苦恼所致，而是由于生之本质在于死。因此只有乐于生的人才能真正不感到死之苦恼。享受生活要讲究方法。我比别人多享受到一倍的生活，因为生活乐趣的大小是随着我们对生活的关心程度而定的。尤其在此刻我眼看生命的时光无多，我就愈想增加生命的分量。我想靠迅速抓紧时间，去留住稍纵即逝的日子；我想凭时间的有效利用去弥补匆匆流逝的光阴。剩下的生命愈是短暂，我愈要使之过得丰盈饱满。

石虎胡同七号

（诗歌）

徐志摩

我们的小园庭，有时荡漾着无限温柔：
善笑的藤娘，袒酥怀任团团的柿掌绸缪，
百尺的槐翁，在微风中俯身将棠姑抱搂，
黄狗在篱边，守候睡熟的珀儿，它的小友，
小雀儿新制求婚的艳曲，在媚唱无休——
我们的小园庭，有时荡漾着无限温柔。

我们的小园庭，有时淡描着依稀的梦景；
雨过的苍茫与满庭荫绿，织成无声幽瞑，
小蛙独坐在残兰的胸前，听隔院蚓鸣，
一片化不尽的雨云，倦展在老槐树顶，
掠檐前作圆形的舞旋，是蝙蝠，还是蜻蜓？——
我们的小园庭，有时淡描着依稀的梦景。

我们的小园庭，有时轻喟着一声奈何；
奈何在暴雨时，雨槌下捣烂鲜红无数，
奈何在新秋时，未凋的青叶惆怅地辞树，

奈何在深夜里，月儿乘云艇归去，西墙已度，
远巷薤露的乐音，一阵阵被冷风吹过——
我们的小园庭，有时轻喟着一声奈何。

我们的小园庭，有时沉浸在快乐之中；
雨后的黄昏，满院只美荫，清香与凉风，
大量的蹇翁，巨樽在手，蹇足直指天空，
一斤，两斤，杯底喝尽，满怀酒欢，满面酒红，
连珠的笑响中，浮沉着神仙似的酒翁——
我们的小园庭，有时沉浸在快乐之中。

（原载一九二三年八月六日《文学周报》第82期）

凤凰涅槃

（诗歌）

郭沫若

天方国古有神鸟名“菲尼克司”(Phoenix)，满五百岁后，集香木自焚，复从死灰中更生，鲜美异常，不再死。

按此鸟殆即中国所谓凤凰：雄为凤，雌为凰。《孔演图》云：“凤凰火精，生丹穴。”《广雅》云：“凤凰……雄鸣曰即即，雌鸣曰足足。”

序曲

除夕将近的空中，
飞来飞去的一对凤凰，
唱着哀哀的歌声飞去，
衔着枝枝的香木飞来，
飞来在丹穴山上。

山右有枯槁了的梧桐，
山左有消歇了的醴泉，
山前有浩茫茫的大海，
山后有阴莽莽的平原，
山上是寒风凛冽的冰天。

天色昏黄了，
香木集高了，
凤已飞倦了，
凰已飞倦了，
他们的死期将近了。
凤啄香木，
一星星的火点迸飞。
凰扇火星，
一缕缕的香烟上腾。

除夕将近的空中，飞来飞去的一对凤凰，唱着哀哀的歌声飞去，衔着枝枝的香木飞来，飞来在丹穴山上。 By郭沫若

凤又啄，
凰又扇，
山上的香烟弥散，
山上的火光弥满。

夜色已深了，
香木已燃了，
凤已啄倦了，
凰已扇倦了，
他们的死期已近了。

啊啊！
哀哀的凤凰！
凤起舞，低昂！
凰唱歌，悲壮！
凤又舞，
凰又唱，
一群的凡鸟，
自天外飞来观葬。

凤歌

即即！即即！即即！
即即！即即！即即！
茫茫的宇宙，冷酷如铁！
茫茫的宇宙，黑暗如漆！
茫茫的宇宙，腥秽如血！

宇宙呀，宇宙，
你为什么存在？
你自从哪儿来？
你坐在哪儿在？
你是个有限大的空球？
你是个无限大的整块？
你若是有限大的空球，
那拥抱着你的空间
他从哪儿来？
你的外边还有些什么存在？
你若是无限大的整块，
这被你拥抱着的空间
他从哪儿来？
你的当中为什么又有生命存在？
你到底还是个有生命的交流？

你到底还是个无生命的机械？

昂头我问天，
天徒矜高，莫有点儿知识。
低头我问地，
地已死了，莫有点儿呼吸。
伸头我问海，
海正扬声而鸣悒。

啊啊！
生在这样个阴秽的世界当中，
便是把金刚石的宝刀也会生锈！
宇宙呀，宇宙，
我要努力地把你诅咒：
你脓血污秽着的屠场呀！
你悲哀充塞着的囚牢呀！
你群鬼叫嚎着的坟墓呀！
你群魔跳梁着的地狱呀！
你到底为什么存在？

我们飞向西方，
西方同是一座屠场。
我们飞向东方，

凤又舞，凰又唱，一群的凡鸟，自天外飞来观葬　　By郭沫若

东方同是一座囚牢。

我们飞向南方，

南方同是一座坟墓。

我们飞向北方，

北方同是一座地狱。

我们生在这样个世界当中

只好学着海洋哀哭。

凰歌

足足！足足！足足！

足足！足足！足足！

五百年来的眼泪倾泻如瀑。

五百年来的眼泪淋漓如烛。

流不尽的眼泪，

洗不尽的污浊，

浇不熄的情炎，

荡不去的羞辱，

我们这飘渺的浮生

到底要向哪儿安宿？

啊啊！

我们这缥缈的浮生

好像那大海里的孤舟。

左也是漶漫，

右也是漶漫，

前不见灯台，

后不见海岸，

帆已破，

樯已断，

楫已飘流，

柁已腐烂，
倦了的舟子只是在舟中呻唤，
怒了的海涛还是在海中泛滥。
啊啊！
我们这缥缈的浮生
好像这黑夜里的酣梦。
前也是睡眠，
后也是睡眠，
来得如飘风，
去得如轻烟，
来如风，
去如烟，
眠在后，
睡在前，
我们只是这睡眠当中的
一刹那的风烟。

啊啊！
有什么意思？
有什么意思？
痴！痴！痴！
只剩些悲哀，烦恼，寂寥，衰败，
环绕着我们活动着的死尸，

我们这飘渺的浮生到底要向哪儿安宿？ By 郭沫若

贯串着我们活动着的死尸。

啊啊！

我们年青时候的新鲜哪儿去了？

我们年青时候的甘美哪儿去了？

我们年青时候的光华哪儿去了？

我们年青时候的欢爱哪儿去了？

去了！去了！去了！

一切都已去了，

一切都要去了。

我们也要去了，

你们也要去了，

悲哀呀！烦恼呀！寂寥呀！衰败呀！

凤凰同歌

啊啊！
火光熊熊了。
香气蓬蓬了。
时期已到了。
死期已到了。
身外的一切！
身内的一切！
一切的一切！
请了！请了！

群鸟歌

岩鹰

哈哈，凤凰！凤凰！
你们枉为这禽中的灵长！
你们死了吗？你们死了吗？
从今后该我为空界的霸王！

孔雀

哈哈，凤凰！凤凰！
你们枉为这禽中的灵长！
你们死了吗？你们死了吗？
从今后请看我花翎上的威光！

鸱枭

哈哈，凤凰！凤凰！
你们枉为这禽中的灵长！
你们死了吗？你们死了吗？
哦！是哪儿来的鼠肉的馨香？

家鸽

哈哈，凤凰！凤凰！
你们枉为这禽中的灵长！
你们死了吗？你们死了吗？
从今后请看我们驯良百姓的安康！

鹦鹉

哈哈，凤凰！凤凰！
你们枉为这禽中的灵长！
你们死了吗？你们死了吗？
从今后请听我们雄辩家的主张！

白鹤

哈哈，凤凰！凤凰！
你们枉为这禽中的灵长！
你们死了吗？你们死了吗？
从今后请看我们高蹈派的徜徉！

凤凰更生歌

鸡鸣

昕潮涨了，
昕潮涨了，
死了的光明更生了。

春潮涨了，
春潮涨了，
死了的宇宙更生了。

生潮涨了，
生潮涨了，
死了的凤凰更生了。

凤凰和鸣

我们更生了。
我们更生了。
一切的一，更生了。
一的一切，更生了。
我们便是他，他们便是我。
我中也有你，你中也有我。
我便是你。
你便是我。
火便是凰。
凤便是火。
翱翔！翱翔！
欢唱！欢唱！

我们新鲜，我们净朗，
我们华美，我们芬芳，
一切的一，芬芳。
一的一切，芬芳。
芬芳便是你，芬芳便是我。
芬芳便是他，芬芳便是火。
火便是你。
火便是我。
火便是他。

我们便是他，他们便是我。我中也有你，你中也有我。 By 郭沫若

火便是火。
翱翔！翱翔！
欢唱！欢唱！

我们热诚，我们挚爱。
我们欢乐，我们和谐。
一切的一，和谐。
一的一切，和谐。
和谐便是你，和谐便是我。
和谐便是他，和谐便是火。

火便是你。
火便是我。
火便是他。
火便是火。
翱翔！翱翔！
欢唱！欢唱！

我们生动，我们自由。
我们雄浑，我们悠久。
一切的一，悠久。
一的一切，悠久。
悠久便是你，悠久便是我。
悠久便是他，悠久便是火。
火便是你。
火便是我。
火便是他。
火便是火。
翱翔！翱翔！
欢唱！欢唱！

我们欢唱，我们翱翔。
我们翱翔，我们欢唱。
一切的一，常在欢唱。

一的一切，常在欢唱。

是你在欢唱？是我在欢唱？

是他在欢唱？是火在欢唱？

欢唱在欢唱！

欢唱在欢唱！

只有欢唱！

只有欢唱！

欢唱！

　欢唱！

　　欢唱！

一九二〇年一月二十日初稿

一九二八年一月三日改削

（原载一九二〇年一月三十日、三十一日《时事新报·学灯》）

夏的歌颂

（散文）

庐隐

出汗不见得是很坏的生活吧，全身感到一种特别的轻松。尤其是出了汗去洗澡，更有无穷的舒畅，仅仅为了这一点，我也要歌颂夏天。

其久被压迫，而要挣扎过——而且要很坦然的过去，这也不是毫无意义的生活吧，——春天是使人柔困，四肢瘫软，好像受了酒精的毒，再无法振作；秋天呢，又太高爽，轻松使人忘记了世界上有骆驼——说到骆驼，谁也不忘了它那高峰凹谷之间的重载，和那慢腾腾，不尤不怨的往前走的姿势吧！冬天虽然是风雪严厉，但头脑尚不受压扎。只有夏天，它是无隙不入的压迫你，你每一个毛孔，每一根神经，都受着重大的压扎；同时还有臭虫蚊子苍蝇助虐的四面夹攻，这种极度紧张的夏日生活，正是训练人类变成更坚强而有力量的生物。因此我又不得不歌颂夏天！

二十世纪的人类，正度着夏天的生活——纵然有少数阶级，他们是超越天然，而过着四季如春享乐的生活，但这太暂时了，时代的轮子，不久就要把这特殊的阶级碎为齑粉，——夏天的生活是极度紧张而严重，人类必要努力的挣扎过，尤其是我们中国不论士农工商军，哪一个不是喘着气，出着汗，与紧张压迫的生活拼命呢？脆弱的人群中，也许有诅咒，但我却以为只有虔敬的承受，我们尽量的出汗，我们尽量的发泄我们生命之力，最后我们的汗液，便是甘霖的源泉，这炎威逼人的夏天，将被这无尽的甘霖所毁灭，世界变成清明爽朗。

夏天是人类生活中，最雄伟壮烈的一个阶段，因此，我永远的歌颂它。

（原载一九三三年八月二日《时事新报》副刊《青光》）

骨子里

（散文）

苏青

不久以前我曾在报上看见过一段新闻，内容大概是这样的：一个少女因买小菜同肉摊主人勾搭上了，双方愿以嫁娶为目的，把女方母亲喊到旅馆去商量，结果女母也自同意，只索三百元礼金便可让有情人成为眷属。不料那肉摊主人竟付不出钱，女方父母便延律师提起刑诉并附带民诉，这样就好事多磨，从“人伦之始”到“案关风化”上去。

原来，世界上的事都有个“骨子里”。在公道正义后面多的是“所求不遂”或“挟私报复”之类。试观吴三桂之绝亲讨贼，恸哭六军俱缟素，给梅村先生一语道破，还不是“冲冠一怒为红颜”？

否则，若没有这个骨子里原因，肉摊主人就不会妨害风化，妨害家庭，吴三桂将军也不至于去借清兵，送掉一家老幼性命，况且我们的民族性都富有“大江西精神”（注：即江西人钉碗，自顾自），琉璃蛋做了卖国贼便谁也不高兴去告发。其父攘羊，其子证之，则此父必为不肯多给少爷麻将费无疑。不然，只要学学宋江坐在忠义堂上样儿，把酒肉大家分润一些，那便是替天行道，不惟子为父隐，父为子隐，连邻人也不肯无故出来作证，那时失主见你很有几个群众，便也只得表示不愿深究了。

不仅此也，中国的士大夫阶级还最讲究感恩知己。以董卓之恶，尚有蔡邕伏尸痛哭；杜牧也因牛公曾为代付嫖帐，故终身不肯说老牛坏话。则主持公道者除了揩不着“卓”油，吃不到“牛”屁之群外，更有哪个？更有哪个？

呜呼，我真不愿看君子们之动辄感激零涕，不顾大义；也不愿发扬大江西精神，看奸人们一天天得意。假如世界上真没有人肯为公道而主持公道，为正义而伸张正义，则我宁愿与小人为伍，大家努力捉错儿，互相挟嫌报复，你告发我攘羊，我证明你偷鸡，只要有因有据，合法合理，骨子里为的什么可毋庸议，这样一来天下也许反会太平一些。

（原载天地出版社一九四五年二月初版《涛》）

大街

（诗歌）

【墨】帕斯　译／岩二

这是一条长长的寂静的街，
我在黑暗中行走，跌绊，
爬起来，踏着干枯的落叶和寂寞的石子，
深一脚，浅一脚。

在我身后，也有人将它们践踏：
我停，他也停，
我跑，他也跑。
当我转过脸，却无人静悄悄。

一切都是黑漆漆，连门也没有，
唯有我的脚步声提醒着我自身的存在。

我转过重重叠叠的拐角，
总是又回到原处，
却于周周转转中，
这里没人等我，也没人跟随我，
我却在将一个人紧追，
他跌倒了又爬起来，
看见我时，说道：没有谁。

天上的街市

（诗歌）

郭沫若

远远的街灯明了，
好像闪着无数的明星。
天上的明星现了，
好像点着无数的街灯。

我想那缥渺的空中，
定然有美丽的街市。
街市上陈列的一些物品，
定然是世上没有的珍奇。

你看，那浅浅的天河，
定然是不甚宽广。
那隔着河的牛郎织女，
定能够骑着牛儿来往。

我想他们此刻，
定然在天街闲游。
不信，请看那朵流星，
是他们提着灯笼在走。

（原载一九二二年三月《创造》季刊第一卷第一期）

黄昏的观前街

（散文）

郑振铎

我刚从某一个大都市归来。那一个大都市，说得漂亮些，是乡村的气息较多于城市的。它比城市多了些乡野的荒凉况味，比乡村却又少了些质朴自然的风趣。疏疏的几簇住宅，到处是绿油油的菜圃，是蓬蒿没膝的废园，是池塘半绕的空场，是已生了荒草的瓦砾堆。晚间更是凄凉。太阳刚刚西下，街上的行人便已“寥若晨星”。在街灯如豆的黄光之下，踽踽的独行着，瘦影显得更长了，足音也格外的寂寥。远处野犬，如豹的狂吠着。黑衣的警察，幽灵似的扶枪立着。在前面的重要区域里，仿佛有“站住！”“口号！”的呼叱声。我假如是喜欢都市生活的话，我真不会喜欢到这个地方；我假如是喜欢乡间生活的话，我也不会喜欢到这个所在。我的天！还是趁早走了吧。（不仅是“浩然”，简直是“凛然有归志”了！）

归程经过苏州，想要下去，终于因为舍不得抛弃了车票上的未用尽的一段路资，蹉跎的被火车带过去了。归后不到三天，长个子的樊与矮而美髯的孙，却又拖了我逛苏州去。早知道有这一趟走，还不如中途而下，来得便利么？

我的太太是最厌恶苏州的，她说舒舒服服的坐在车上，走不几步，却又要下车过桥了。我也未见得十分喜欢苏州；一来是，走了几趟都买不到什么好书，二来是，住在阊门外，太像上海，而又没有上海的繁华。但这一次，我因为要换换花样，却拖他们住到城里去。不料竟因此而得到了一次永远不曾领略到的苏州景色。

我们跑了几家书铺，天色已经渐渐的黑下来了，樊说："我们找一个地方吃饭吧。"饭馆里是那么样的拥挤，走了两三家，才得到了一张空桌。街上已上了灯。楼窗的外面，行人也是那么样的拥挤。没有一盏灯光不照到几堆子人的，影子也不落在地上，而落在人的身上。我不禁想起了某一个大城市的荒凉情景，说道："这才可算是一个都市！"

这条街是苏州城繁华的中心的观前街。玄妙观是到过苏州的人没有一个不熟悉的；那么粗俗的一个所在，未必有胜于北平的隆福寺、南京的夫子庙、扬州的教场。观前街也是一条到过苏州的人没有一个不曾经过的；那么狭小的一道街，三个人并列走着，便可以不让旁的人走，再加以没头苍蝇似的乱钻而前的人力车，或箩或桶的一担担的水与蔬菜，混合成了一个道地的中国式的小城市的拥挤与纷乱无秩序的情形。

然而，这一个黄昏时候的观前街，却与白昼大殊。我们在这条街上舒适的散着步，男人，女人，小孩子，老年人，摩肩接踵而过，却不喧哗，也不推拥。我所得的苏州印象，这一次可说是最好。——从前不曾于黄昏时候在观前街散步过。半里多长的一条古式的石板街道，半部车子也没有，你可以安安稳稳的在街心踱方步。灯光耀耀煌煌的，铜的，布的，黑漆金字的市招，密簇簇的排列在你的头上，一举手便可触到了几块。茶食店里的玻璃匣，亮晶晶的在繁灯之下发光，照得匣内的茶食通明的映入行人眼里，似欲伸手招致他们去买几色苏制的糖食带回去。野味店的山鸡野兔，已烹制的，或尚带着皮毛的，都一串一挂的悬在你的眼前——就在你的眼前，那香味直扑到你的鼻上。你在那里，走着，走着。你如走在一所游艺园中，你如在暮春三月，迎神赛会的当儿，挤在人群里，跟着他们跑，兴奋而感到浓趣。你如在你的少小时，大人们在做寿，或娶亲，地上铺着花毯，天上张着锦幔，长随打杂老妈丫头，客人的孩子们，全都穿戴着崭新的衣帽，穿梭似的进进出出，而你在其间，随意的玩要，随意的奔跑。你白天觉得这条街狭小，在这时，你才觉这条街狭小得妙。她将你紧压住了，如夜间将自己的手放在心头，做了很刺激的梦；她将你紧紧地拥抱住了，如一个爱人身体的热情的拥抱；她将所有的宝藏，所有的繁华，所有的可引动人的东西，都陈列在你的面前，即在你的眼下，相去不到三尺左右，而别用一种黄昏的灯纱笼罩了起来，使他们更显得隐约而动情，如一位对窗里面的美人，如一位躲于绿帘后的少女。她假如也像别的都市的街道那样的开朗阔大，那么，你便将永远感不到这种亲切的繁华的况味，你便将永远受不到这种紧紧地箍压于你的全身，你的全心的燠暖而温馥的情趣了。你平常觉得

大家都感到一种的亲切，一种的无损害，一种的无忧无虑的生活。
By郑振铎

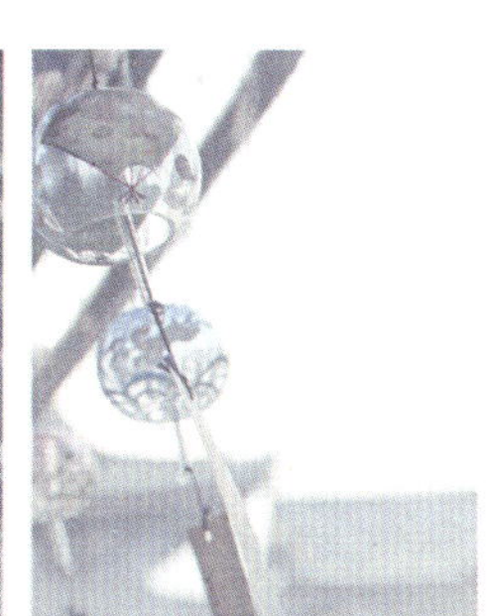

这条街闲人太多，过于拥挤，在这时却正显得人多的好处。你看人，人也看你；你的左边是一位时装的小姐，你的右边是几位随了丈夫、父亲上城的乡姑，你的前面是一二位步履维艰的道地的苏州老，一二位尖帽薄履的苏式少年，你偶然回过头来，你的眼光却正碰在一位容光射人、衣饰过丽的少奶奶的身上。你的团团转转都是人，都是无关系的无关心的最驯良的人；你可以舒舒适适的踱着方步，一点也不用担心什么。这里没有趁机的偷盗，没有诱人入魔窟的“指导者”，也没有什么电掣风驰，左冲右撞的一切车子。每一个人都是那么安闲的散步着，散步着；川流不息的在走，肩摩踵接的在走，他们永不会猛撞着你身上而过。他们是走得那么安闲，那么小心。你假如偶然过于大意的撞了人，或踏了人的足——那是极不经见的事！他们抬眼望了望你，你对他们点点头，表示歉意，也就算了。大家都感到一种的亲切，一种的无损害，一种的无忧无虑的生活；大家都似躲在一个乐园中，在明月之下，绿林之间，悠闲的微步着，忘记了园外的一切。

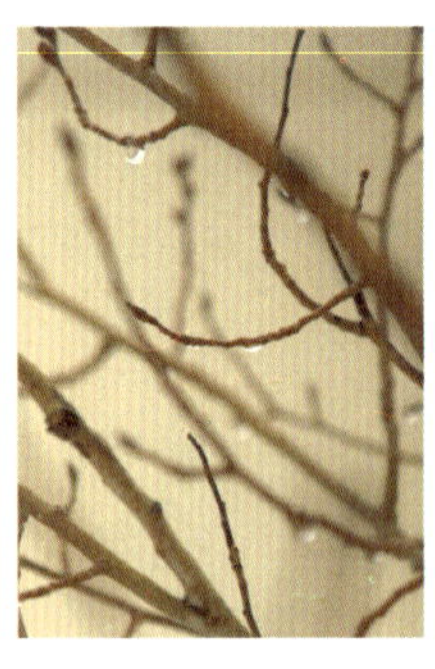

她使你不知道黑暗，她使你忘记了这是夜间。 By 郑振铎

那么鳞鳞比比的店房，那么密密接接的市招，那么耀耀煌煌的灯光，那么狭狭小小的街道，竟使你抬起头来，看不见明月，看不见星光，看不见一丝一毫的黑暗的夜天。她使你不知道黑暗，她使你忘记了这是夜间。啊，这样的一个“不夜之城”！

“不夜之城”的巴黎，“不夜之城”的伦敦，你如果要看，你且去歌剧院左近走着，你且去辟加德莱圈散步，准保你不会有一刻半秒的安逸；你得时时刻刻的担心，时时刻刻的提防着，大都市的灾害，是那么多，每个人都是匆匆的走灯似的向前走，你也得匆匆的走；每个人都是紧张着，矜持着，你也自然得会紧张着，矜持着。你假如走惯了黄昏时候的观前街，你在那里准得要吃大苦头。除非你已将老脾气改得一干二净。你假如为店铺中的窗中的陈列品所迷住了，譬如说，你要站住了仔仔细细的看一下，你准得要和后面的人猛碰一下，他必定要诧异的望了望你，虽然嘴里说的是“对不起”。你也得说“对不起”，然而你也饱受了他，以至他们的眼光的奚落。你如走到了歌剧院的阶前，你如走到了那尔逊的像下，你将见斗大的一个个市招或广告牌，闪闪在发光；一片的灯光，映射得半个天空红红的。然而那里却是如此的开朗敞阔、建筑物又是那么的宏伟，人虽拥挤，却是那样的藐小可怜，Taxi和Bus也如小甲虫似的，如红蚁似的在一连串的走着。大半个天空是黑漆漆的，几颗星在冷冷的映着眼看人。大都市的荣华终敌不住黑夜的侵袭。你在那里，立了一会，只要一会，你便将完全的领受到夜的凄凉了。像观前街那样的燠暖温馥之感，你是永远得不到的。你在那里是孤零的，是寂寞的，算不定会有什么飞灾横祸光临到你身上，假如你要一个不小心。像在观前街的那么舒适无虑的亲切的感觉，你也是永远不会得到的。

有观前街的燠暖温馥与亲切之感的大都市，我只见到了一个委尼司；即在委尼司的St. Mark方场的左近。那里也是充满了闲人，充满了紧压在你身上的燠暖的情趣的；街道也是那么狭小，也许更要狭，行人也是那么拥挤，也许更要拥挤，灯光也是那么辉辉煌煌的，也许更要辉煌。有人口口声声的称呼苏州为东方的委尼司；别的地方，我看不出，别的时候，我看不出，在黄昏时候的观前街，我却深切的感到了。——虽然观前街少了那么弘丽的Piazza of St. Mark，少了那么轻妙的此奏彼息的乐队。

（选自万卷出版公司《郑振铎文集》）

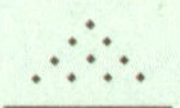

时光电影院

世　间　有　美

世界上，从来不缺少美，
少的是发现美的眼睛

溪水

（散文）

苏雪林

我们携着手走进林子，溪水漾着笑涡，似乎欢迎我们的双影。这道溪流，本来温柔得像少女般可爱，但不知何时流入深林，她的身体便被囚禁在重叠的浓翠中间。

早晨时她不能面向玫瑰色的朝阳微笑，夜深时不能和娟娟的月儿谈心，她的明澈莹晶的眼波，渐渐变成忧郁的深蓝色，时时凄咽着忧伤的调子，她是如何的沉闷啊！在夏天的时候。

几番秋雨之后，溪水涨了几篙；早凋的梧楸，飞尽了翠叶；黄金色的晓霞，从杈椏树隙里，深入溪中；泼靛的波面，便泛出彩虹似的光。

现在，水恢复从前的活泼和快乐了，一面急忙地向前走着，一面还要和沿途遇见的落叶、枯枝……淘气。

一张小小的红叶儿，听了狡狯的西风劝告，私下离开母校出来游玩，走到半路上，风偷偷儿地溜走了，他便一跤跌在溪水里。

水是怎样的开心啊，她将那可怜的失路的小红叶儿，推推挤挤地推到一个漩涡里，使他滴滴溜溜地打圆转儿；那叶向前不得，向后不能，急得几乎哭出来；水笑嘻嘻地将手一松，他才一溜烟地逃走了。

水是这样欢喜捉弄人的，但流到坝塘边，她自己的魔难也来了。

你记得么？坝下边不是有许多大石头，阻住水的去路？

水初流到石边时，还是不经意地涎着脸撒娇撒痴地要求石头放行，但石头却像没有耳朵似的，板着冷静的面孔，一点儿不理。于是水开始娇嗔起来了，拼命向石头冲突过去；冲突激烈时，浅碧的衣裳袒开了，露出雪白的胸臂，肺叶收放，呼吸极其急促，发出怒吼的声音来，缕缕银丝头发，四散飞起。

噼噼啪啪，温柔的巴掌，尽打在石头皱纹深陷的颊边，——她真的怒了，不是儿戏。

谁说石头是始终顽固的呢？巴掌来得狠了，也不得不低头躲避。于是水安然渡过难关了。

她虽然得胜了，然而弄得异常疲倦，曳了浅碧的衣裳去时，我们还听见她断续的喘息声。

我们到这树林中来，总要到这坝塘边参观水石的争执，一坐总是一两个钟头。

（选自上海北新书店一九二八年版《绿天》）

雪

（散文）

张秀亚

生长在南国的孩子，你见过雪吗？你爱雪吗？也许曾点缀于你生活篇页上的，只是碧于天的春水吧？

在我的故乡，到了冬季，是常常落雪的，纷纷的雪片，为我们装饰出一个银白的庭园，树，像是个受欢迎的远客，枝上挂了雪的花环，闪烁着银白色的欢笑。

我喜欢在落雪的清晓到外面去散步，雪后的大地是温柔而宁静的，一点声息都没有，连那爱聒噪的寒雀都不知躲到哪个檐下寻梦去

它无言语，它无声息，它不显露一点底蕴，只静静的坐在那里，毫不理会我这个不知趣的访客。 By 张秀亚

了。我一边走着，时时回顾我在雪地留下的清晰的脚印，听着雪片在我的脚下微语，我不知道那是抱怨还是欢喜？

有时，我更迎着雪后第一次露面的太阳，攀登附近的小丘山，站在那银色的顶巅，等着看雪融的奇景。

雪封的山，原像一个耐人思猜的谜语，被一层白色的神秘包裹着，它无言语，它无声息，它不显露一点底蕴，只静静的坐在那里，毫不理会我这个不知趣的访客。但朝阳是有耐性的，它似乎比我更有耐性，它慢慢的在那里守候着，以它的温热，来向雪封的山丘做“煽动性”的说服。不知什么时候，那神秘的山峦“内心”开始起了变化，它发出一阵轻微的碎语，我赶紧低下头，呵，多动人的画面呵，这山丘的无缝银衣，像是一个圣者的长袍，被无数虔诚者的手撕碎了。（他们是每人要珍存起一块碎片来作纪念吧。）同时，那发亮的银绸上面，更像蜿蜒着许多透明、活泼的小蛇，它们在欠伸着轻盈腰身，嬉笑着，婉娈地向着山坡而去，不多时，山巅乃完全呈显出它土褐色的岩石，同一些枯萎的草叶、松针，而山脚下是谁在唱歌呢？当然，是那一道由雪水汇成的清亮小溪。我忍不住捧了一掬，那淡蓝的如同自盐湖汲来的雪水，那微凉，一直沁透了我心脾，多可爱的雪呵，谁还记得它翩然而来时，那片轻巧的翅膀呢？

有一次，正值雪后，天已晴霁，空气像是水晶般的透明，没有烟氛，没有雾霭，我和一个同学自学校的后门走了出来，走过那道积雪未消的木桥，向古城中的前门走去，将整个的一上午，全消度在那个古色古香，犹保持着我们东方情调的打磨厂——那是古城一些老店铺聚集开设的地方，我们欣赏了不少店铺的招牌，尤其美得悦目的是那一家挑挂在门外的，犹存古风的褪色酒旗，那深杏色的布招子上，还缀着几点细碎欲溶的雪花，在风中轻轻的飘扬，看到它，我们似乎读到了一首唐人的小诗。归途，沿着城墙根走回来，一个骆驼商队，正预备出城，那黄色的驼峰，衬着雪地，竟像是一闪的斜阳，多少年来，我忘不掉那鲜明的一笔。

时候已过午，但我们的游兴未尽，又赶到西直门雇毛驴，到古城外的西山看雪景去。

因为雪后天寒，行人出奇的少，好像那一条通向西山的平坦大路，完全属于那一堆堆的积雪和我们两个人了。一路听着驴颈的铜铃，我们多希望看到早梅的影子，但在路边一些人家的墙头，我们只看到墨描一般的梅树杆："也许我们来得太早了？"相顾有点惘然。

小驴子驮着我们颠踬到西山，灰暗的黄昏已在那儿等着我们，赶驴的老头儿嘱告我们最好不要上山了，太晚了赶不回城。我们也怕碰到校门上法国姆姆的那把铜锁。

我们只有在驴背上默默地欣赏了一下西山银色的峦影，它像一个沉睡了的巨人，在做着千年的长梦，任由外面的世界有着风霜雨雪的变化。

那是我第一次看到古城外有名的西山，也是最后一次，那白皑皑的山头，犹如银制的头盔，至今仍常常映现于我的记忆中，伴了那小驴颈上清脆的银铃叮当。

（原载大众文艺出版社《读故乡》）

在天晴了的时候

（诗歌）

戴望舒

在天晴了的时候，
该到小径中去走走：
给雨润过的泥路，
一定是凉爽又温柔；
炫耀着新绿的小草，
已一下子洗净了尘垢；
不再胆怯的小白菊，
慢慢地抬起它们的头，
试试寒，试试暖，
然后一瓣瓣地绽透；
抖去水珠的凤蝶儿
在木叶间自在闲游，
把它的饰彩的智慧书页
曝着阳光一开一收。
到小径中去走走吧，
在天晴了的时候：
赤着脚，携着手，
踏着新泥，涉过溪流。
新阳推开了阴霾了，
溪水在温风中晕皱，
看山间移动的暗绿——
云的脚迹——它也在闲游。

（选自现代出版社2015年版《戴望舒诗全集》）

尘世玫瑰

（诗歌）

【爱】叶芝　译/佚名

谁曾梦见美如梦般匆匆而过？
为了那些带着悲伤之骄傲的红唇，
它们悲伤是为没有新的奇迹如潮涌现，
特洛伊在一场耀眼的丧葬之火中湮灭，
而尤什那的儿郎也已安眠。

我们和这个辛劳的尘世亦匆匆而过：
在人们之魂中，摇曳着，如同苍白的水
在它们寒冬的节律之间退去，
在这些匆匆而过的群星，以及天空之沫下，
存活在这些孤独的面容之上。

敬礼，大天使们，在你们朦胧的居所：
在你们存在之前，亦或任何一颗心跳动之前，
疲倦而仁慈者已在他的宝座边徘徊；
他把世界创造成一条青草遍生的道路，
在她流浪的脚踪之下。

归来的温馨

（散文）

【智】聂鲁达 译/林光

我的住所幽深，院内树木繁茂。久别之后，房子的许多去处吸引我躲进去尽情享受归来的温馨。花园里长起神奇的灌木丛，散发出我从未领受过的芬芳。我种在花园深处的杨树，原来是那么细弱，那么不起眼，现在竟长成了大树。它直插云天，表皮上有了智慧的皱纹，梢头不停地颤动着新叶。

最后认出我的是栗树。当我走近时，它们光裸干枯的、高耸纷繁的枝条，显出高深莫测和满怀敌意的神态，而在它们躯干周围正萌动着无孔不入的智利的春天。我每回都去看望它们，因为我心里明白，它们需要我去巡礼，在清晨的寒冷中我凝然伫立在没有叶子的枝条下，直到有一天，一个羞怯的绿芽从树梢高处远远地探出头来看我，随后出来了更多的绿芽。我出现的消息就这样传遍了那棵大栗树所有躲藏的满怀疑虑的树叶。现在，它们骄傲地向我致意，俨然已经习惯了我的归来。

鸟儿在枝头重新开始往日的啼鸣，仿佛树叶下什么变化也未曾发生。

书房里等待我的是冬天和残冬的浓烈气息。在我的住所中，书房最深刻地反映我离家的迹象。

封存的书籍有一股亡魂的气味，直冲鼻子和心灵深处，因为这是遗忘——业已湮灭的记忆——所产生的气味。

在那古老的窗子旁边，面对着安第斯山顶上白色和蓝色的天空，

这是忍冬的芳香，这是春天的第一个吻。 By聂鲁达

在我的背后，我感到了正在与这些书籍进行搏斗的春天的芬芳。书籍不愿摆脱长期被人抛弃的状态，依然散发出一阵阵遗忘的气息。春天身披新装，带着忍冬的香气，正在进入各个房间。

在我离家期间，书籍被弄得散乱不堪。这不是说书籍短缺了，而是它们的位置被挪动了。在一卷十七世纪古版的严肃的培根著作旁边，我看到萨尔加里的《尤卡坦旗舰》。尽管如此，它们倒还能够和睦相处。然而，一册《拜伦诗集》却散开了，我拿起来的时候，书皮像信天翁的黑翅膀那样落下来。我费力地把书脊和书皮缝上，事前我先饱览了那冷漠的浪漫主义。

海螺是我住所里最沉默的居民。从前海螺连年在大海里度过，养成了极深的沉默。如今，近几年的时光又给它增添了岁月和尘埃。可是，它那珍珠般冷冷的闪光，它那哥特式的同心椭圆形，或是它那张开的壳瓣，都使我记起远处的海岸和事件。这种闪着红光的珍贵海螺叫Rostellaria，是古巴的软体动物学家——卡洛斯·德·拉·托雷，有一次把它当作海底勋章赠给我的。这些加利福尼亚海里的“橄榄”，以及同一处来的带红刺的和带黑珍珠的牡蛎，都已经有点儿褪色，而且盖满尘埃了。从前，就在有那么多宝藏的加利福尼亚海上，我们险些遇难。

还有一些新居民，就是从封存了很久的大木箱里取出的书籍和物品。这些松木箱来自法国，箱子板上有地中海的气味，打盖子时发出嘎吱嘎吱的响声，随即箱内出现金光，露出维克多·雨果著作的红色书皮。旧版的《悲惨世界》便把形形色色令人心碎的生命，在我家的几堵墙壁之内安顿下来。

不过，从这口灵柩般的大木箱里出来一张妇女的可爱的脸，木头做的高耸的乳房，一双侵透音乐和盐水的手。我给她取名叫“天堂里的玛利亚”，因为她带来了失踪船只的秘密。我在巴黎一家旧货店里发现她光彩照人，那时她因为被人抛弃而面目全非，混在一堆废弃的金属器具里，埋在郊区阴郁的破布堆下面。现在，她被放置在高处，再次焕发着活泼、鲜艳的神采出航。每天清晨，她的双颊又将挂满神秘的露珠，或是水手的泪水。

玫瑰花在匆匆开放。从前，我对玫瑰很反感，因为她没完没了地附丽于文学，因为她太高傲。可是，眼看她们赤身裸体顶着严冬冒出来，当她在坚韧多刺的枝条间露出雪白的胸脯，或是露出紫红色的火团的时候，我心中渐渐充满柔情，赞叹她们含着挑战意味发出的浪涛般神秘的芳香与光彩；而这是它们适时从黑色土地里尽情吸取之后，像是责任心创造的奇迹，在露天里表露的爱。而现在，玫瑰带着动人的严肃神情挺立在每个角落，这种严肃与我正相符，因为她们和我都摆脱了奢侈与轻浮，各自尽力发出自己的一份光。

可是，四面八方吹来的风使花朵轻微起伏、颤动，飘来阵阵沁人心脾的芳香。青年时代的记忆涌来，令人陶醉：已经忘却的美好名字和美好时光，那轻轻抚摸过纤手，高傲的琥珀色双眸，以及随着时光流逝已不再梳理的发辫，一起涌上心头。

这是忍冬的芳香，这是春天的第一个吻。

黎明

（散文）

【法】兰波　译／戴望舒

我拥抱过夏天的黎明。

在宫邸的前面，什么也还没有动。水是死寂的，阴影的营寨并未从树林的路开拔。我蹀躞而行，唤醒鲜活而温暖的呼吸；宝石凝视，翎羽无声地举起。

一朵鲜花向我道出了芳名。 By 兰波

在已经充满了新鲜而苍白的小径中，第一个企图是一枝花向我说出它自己的名字。

我向那片松林披散头发的瀑布笑。在银色的树梢，我认出了女神。

于是我把那些遮纱一重重地揭开。在小径中，挥动着臂膊，在那我把她报知与雄鸡的平原上。

在大城市中，她在钟塔和圆屋顶之间奔逃：像一个在云石堤岸上奔跑着的乞丐似的，我追赶着她。

在路的上方，在一座月桂树林边，我把她和她的重重叠叠的遮纱一起抱住了，于是我稍稍感到一点她的巨大的躯体。黎明和孩子在树林边倒身下去。

醒来时，是正午了。

小 诗

（诗歌）

宗白华

生命的树上
雕了一枝花
谢落在我的怀里，
我轻轻的压在心上。
她接触了我心中的音乐
化成小诗一朵。

（原载亚东书局一九二四年版《流云》）

雨景

（诗歌）

朱湘

我心爱的雨景也多着呀：
春夜梦回时窗前的淅沥；
急雨点打上蕉叶的声音；
雾一般拂着人脸的细丝；
从电光中泼下来的雷雨——
但将雨时的天我最爱了。
它虽然是灰色的却透明；
它蕴着一种无声的期待。
并且从云气中，不知哪里，
飘来了一声清脆的鸟啼。

（原载开明书店一九二七年版《草莽集》）

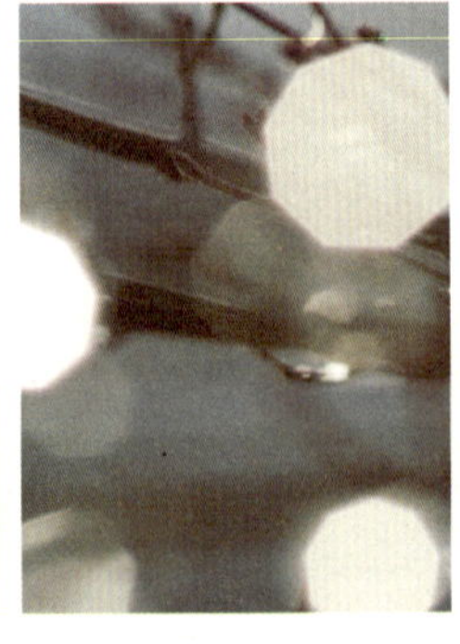

翡冷翠山居闲话

（散文）

徐志摩

在这里出门散步去，上山或是下山，在一个晴好的五月的向晚，正像是去赴一个美的宴会，比如去一果子园，那边每株树上都是满挂着诗情最秀逸的果实，假如你单是站着看还不满意时，只要你一伸手就可以采取，可以恣尝鲜味，足够你性灵的迷醉。阳光正好暖和，决不过暖；风息是温驯的，而且往往因为他是从繁花的山林里吹度过来，他带来一股幽远的淡香，连着一息滋润的水气，摩挲着你的颜面，轻绕着你的肩腰，就这单纯的呼吸已是无穷的愉快；空气总是明净的，近谷内不生烟，远山上不起霭，那美秀风景的全部正像画片似的展露在你的眼前，供你闲暇的鉴赏。

作客山中的妙处，尤在你永不须踌躇你的服色与体态；你不妨摇曳着一头的蓬草，不妨纵容你满腮的苔藓；你爱穿什么就穿什么；扮一个牧童，扮一个渔翁，装一个农夫，装一个走江湖的桀卜闪，装一个猎户；你再不必提心整理你的领结，你尽可以不用领结，给你的颈根与胸膛一半日的自由，你可以拿一条这边颜色的长巾包在你的头上，学一个太平军的头目，或是拜伦那埃及装的姿态；但最要紧的是穿上你最旧的旧鞋，别管他模样不佳，他们是顶可爱的好友，他们承着你的体重却不叫你记起你还有一双脚在你的底下。

这样的玩顶好是不要约伴，我竟想严格的取缔，只许你独身；因为有了伴多少总得叫你分心，尤其是年轻的女伴，那是最危险最专制不过的旅伴，你应得躲避她像你躲避青草里一条美丽的花蛇！平常我们从自己家里走到朋友的家里，或是我们执事的地方，那无非是在同一个大牢里从一间狱室移到另一间狱室去，拘束永远跟着我们，自由永远寻不到我们；但在这春夏间美秀的山中或乡间你要是有机会独身闲逛时，那才是你福星高照的时候，那才是你实际领受，亲口尝味，自由与自在的时候，那才是你肉体与灵魂行动一致的时候；朋友们，我们多长一岁年纪往往只是加重我们头上的枷，加紧我们脚胫上的链，我们见小孩子在草里在沙堆里在浅水里打滚作乐，或是看见小猫追他自己的尾巴，何尝没有羡慕的时候，但我们的枷，我们的链永远是制定我们行动的上司！所以只有你单身奔赴大自然的怀抱时，像一个裸体的小孩扑入他母亲的怀抱时，你才知道灵魂的愉快是怎样的，单是活着的快乐是怎样的，单就呼吸单就走道单就张眼看耸耳听的幸福是怎样的。因此你得严格的为己，极端的自私，只许你，体魄与性灵，与自然同在一个脉搏里跳动，同在一个音波里起伏，同在一个神奇的宇宙里自得。我们浑朴的天真是像含羞草似的娇柔，一经同伴的抵触，他就卷了起来，但在澄静的日光下，和风中，他的姿态是自然的，他的生活是无阻碍的。

你一个人漫游的时候，你就会在青草里坐地仰卧，甚至有时打滚，因为草的和暖的颜色自然的唤起你童稚的活泼；在静僻的道上你就会不自主的狂舞，看着你自己的身影幻出种种诡异的变相，因为道旁树木的阴影在他们纡徐的婆娑里暗示你舞蹈的快乐；你也会得信口的歌唱，偶尔记起断片的音调，与你自己随口的小曲，因为树林中的莺燕告诉你春光是应得赞美的；更不必说你的胸襟自然会跟着曼长的山径开拓，你的心地会看着澄蓝的天空静定，你的思想和着山壑间的水声，山罅里的泉响，有时一澄到底的清澈，有时激起成章的波动，流，流，流入凉爽的橄榄林中，流入妩媚的阿诺河去……

并且你不但不须应伴，每逢这样的游行，你也不必带书。书是理想的伴侣，但你应得带书，是在火车上，在你住处的客室里，不是在你独身漫步的时候。什么伟大的深沉的鼓舞的清明的优美的思想的根源不是可以在风籁中，云彩里，山势与地形的起伏里，花草的颜色与

只要你认识了这一部书，你在这世界上寂寞时便不寂寞，穷困时不穷困，苦恼时有安慰，挫折时有鼓励，软弱时有督责，迷失时有南针。

By 徐志摩

香息里寻得？自然是最伟大的一部书，葛德说，在他每一页的字句里我们读得最深奥的消息。并且这书上的文字是人人懂得的；阿尔帕斯与五老峰，雪西里与普陀山，来因河与扬子江；梨梦湖与西子湖，建兰与琼花，杭州西溪的芦雪与威尼市夕照的红潮，百灵与夜莺，更不提一般黄的黄麦，一般紫的紫藤，一般青的青草同在大地上生长，同在和风中波动——他们应用的符号是永远一致的，他们的意义是永远明显的，只要你自己心灵上不长疮瘢，眼不盲，耳不塞，这无形迹的最高等教育便永远是你的名分，这不取费的最珍贵的补剂便永远供你的受用：只要你认识了这一部书，你在这世界上寂寞时便不寂寞，穷困时不穷困，苦恼时有安慰，挫折时有鼓励，软弱时有督责，迷失时有南针。

十四年七月

（原载一九二五年七月四日《现代评论》第二卷第三十期）

泰山日出

（散文）

徐志摩

振铎来信要我在《小说月报》的泰戈尔号上说几句话。我也曾答应了，但这一时游济南游泰山游孔陵，太乐了，一时竟拉不拢心思来做整篇的文字，一直挨到现在期限快到，只得勉强坐下来，把我想得到的话不整齐的写出。

我们在泰山顶上看出太阳。在航过海的人，看太阳从地平线下爬上来，本不是奇事；而且我个人是曾饱饫过红海与印度洋无比的日彩的。但在高山顶上看日出，尤其在泰山顶上，我们无餍的好奇心，当然盼望一种特异的境界，与平原或海上不同的。果然，我初起时，天还暗沉沉的，西方是一片的铁青，东方些微有些白意，宇宙只是——如用旧词形容——一体莽莽苍苍的。但这是我一面感觉劲烈的晓寒，一面睡眼不曾十分醒豁时约略的印象。等到留心回览时，我不由得大声的狂叫——因为眼前只是一个见所未见的境界。原来昨夜整夜暴风的工程，却砌成一座普遍的云海。除了日观峰与我们所在的玉皇顶以外，东西南北只是平铺着弥漫的云气，在朝旭未露前，宛似无量数厚毳长绒的绵羊，交颈接背的眠着，卷耳与弯角都依稀辨认得出。那时候在这茫茫的云海中，我独自站在雾霭溟蒙的小岛上，发生了奇异的幻想——

我躯体无限的长大，脚下的山峦比例我的身量，只是一块拳石；这巨人披着散发，长发在风里像一面墨色的大旗，飒飒的在飘荡。这巨人竖立在大地的顶尖上，仰面向着东方，平拓着一双长臂，在盼望，在迎接，在催促，在默默的叫唤；在崇拜，在祈祷，在流泪——在流久慕未见而将见悲喜交互的热泪……

这泪不是空流的，这默祷不是不生显应的。

巨人的手，指向着东方——

东方有的，在展露的，是什么？

东方有的是瑰丽荣华的色彩，东方有的是伟大普照的光明——出现了，到了，在这里了……

玫瑰汁、葡萄浆、紫荆液、玛瑙精、霜枫叶——大量的染工，在层累的云底工作；无数蜿蜒的鱼龙，爬进了苍白色的云堆。一方的异彩，揭去了满天的睡意，唤醒了四隅的明霞——光明的神驹，在热奋地驰骋……　　By 徐志摩

玫瑰汁、葡萄浆、紫荆液、玛瑙精、霜枫叶——大量的染工，在层累的云底工作；无数蜿蜒的鱼龙，爬进了苍白色的云堆。

一方的异彩，揭去了满天的睡意，唤醒了四隅的明霞——光明的神驹，在热奋地驰骋……

云海也活了；眠熟了兽形的涛澜，又回复了伟大的呼啸，昂头摇尾的向着我们朝露染青馒形的小岛冲洗，激起了四岸的水沫浪花，震荡着这生命的浮礁，似在报告光明与欢欣之临莅……

再看东方——海句力士已经扫荡了他的阻碍，雀屏似的金霞，从无垠的肩上产生，展开在大地的边沿。起……起……用力，用力。纯焰的圆颅，一探再探的跃出了地平，翻登了云背，临照在天空……

歌唱呀，赞美呀，这是东方之复活，这是光明的胜利……

散发祷祝的巨人，他的身彩横亘在无边的云海上，已经渐渐的消翳在普遍的欢欣里；现在他雄浑的颂美的歌声，也已在霞彩变幻中，普彻了四方八隅……

听呀，这普彻的欢声；看呀，这普照的光明！

这是我此时回忆泰山日出时的幻想，亦是我想望泰戈尔来华的颂词。

（原刊一九二三年九月《小说月报》第十四卷第九号）

雪夜林边逗留

（诗歌）

【美】佛罗斯特 译/顾子欣

我知道谁是这林子的主人，
尽管他的屋子远在村中；
他也看不见我在此逗留，
凝视这积满白雪的树林。

我的小马想必感到奇怪：
为何停在树林和冰封的湖边，
附近既看不到一间农舍，
又在一年中最黑暗的夜晚。

它轻轻地摇了一下佩铃，
探询是否出了什么差错。
林中毫无回响一片寂静，
只有微风习习雪花飘落。

这树林多么可爱、幽深，
但我必须履行我的诺言，
睡觉前还有许多路要走呵，
睡觉前还有许多路要赶。

黄昏的和谐

（诗歌）

【法】波德莱尔　译 / 戴望舒

现在时候到了，在茎上震颤颤，
每朵花氤氲浮动，像一炉香篆，
音和香味在黄昏的空中回转，
忧郁的圆舞曲和懒散的昏眩。

每朵花氤氲浮动，像一炉香篆，
提琴颤动，恰似心儿受了伤残，
忧郁的圆舞曲和懒散的昏眩！
天悲哀而美丽，像一个大祭坛。

提琴颤动，恰似心儿受了伤残，
一颗柔心，它恨虚无的黑漫漫！
天悲哀而美丽，像一个大祭坛，
太阳在它自己的凝血中沉湮……

一顺柔心（它恨虚无的黑漫漫）
收拾起光辉昔日的全部余残！
太阳在它自己的凝血中沉湮……
我心头你的记忆“发光”般明灿！

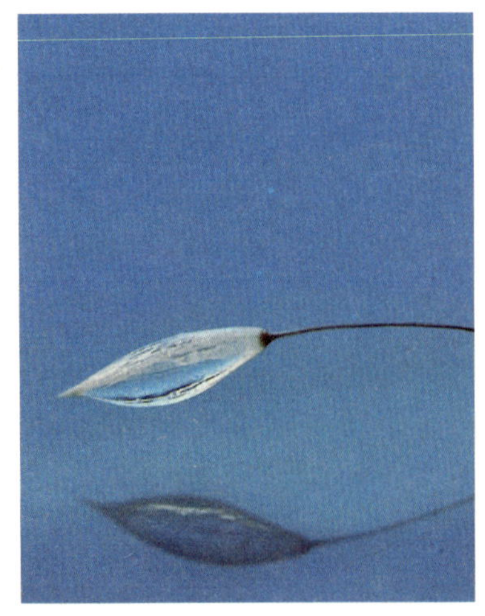

莱茵河

（散文）

朱自清

莱茵河（The Rhine）发源于瑞士阿尔卑斯山中，穿过德国东部，流入北海，长约二千五百里。分上中下三部分。从马恩斯（Mayence,Mains）到哥龙（Cologne）算是“中莱茵”；游莱茵河的都走这一段儿。天然风景并不异乎寻常地好；古迹可异乎寻常地多。尤其是马恩斯与考勃伦兹（Koblenz）之间，两岸山上布满了旧时的堡垒，高高下下的，错错落落的，斑斑驳驳的；有些已经残破，有些还完好无恙。这中间住过英雄，住过盗贼，或据险自豪，或纵横驰骤，也曾热闹过一番。现在却无精打采，任凭日晒风吹，一声儿不响。坐在轮船上两边看，那些古色古香各种各样的堡垒历历的从眼前过去；仿佛自己已经跳出了这个时代而在那些堡垒里过着无拘无束的日子。游这一段儿，火车却不如轮船，朝日不如残阳，晴天不如阴天，阴天不如月夜——月夜，再加上几点儿萤火，一闪一闪的在寻觅荒草里的幽灵似的。最好还得爬上山去，在堡垒内外徘徊徘徊。

这一带不但史迹多，传说也多。最凄艳的自然是脍炙人口的声闻岩头的仙女了。声闻岩在河东岸，高四百三十英尺，一大片暗淡的悬岩，嶙嶙峋峋的；河到岩南，向东拐个小弯，这里有顶大的回声，岩因此得名。相传往日岩头有个仙女美极，终日歌唱不绝。一个船夫傍晚行船，走过岩下。听见她的歌声，仰头一看，不觉忘其所以，连船带人都撞碎在岩上。后来又死了一位伯爵的儿子。这可闯下大祸来了。伯爵派兵遣将，给儿子报仇。他们打算捉住她，锁起来，从岩顶直摔下河里去。但是她不愿死在他们手里，她呼唤莱茵河母亲来接她；河里果然白浪翻腾，她便跳到浪里。从此声闻岩下听不见歌声，看不见倩影，只剩晚霞在岩头明灭。德国大诗人海涅有诗咏此事；此事传播之广，这篇诗也有关系的。友人淦克超先生曾译第一章云：

传闻旧低徊，我心何悒悒。两峰隐夕阳，莱茵流不息。峰际一美人，灿然金发明，清歌时一曲，余音响入云。凝听复凝望，舟子忘所向，怪石耿中流，人与舟俱丧。

哥龙的大教堂是哥龙的荣耀；单凭这个，哥龙便不死了。　By朱自清

这座岩现在是已穿了隧道通火车了。

哥龙在莱茵河西岸，是莱茵区最大的城，在全德国数第三。从甲板上看教堂的钟楼与尖塔这儿那儿都是的。虽然多么繁华一座商业城，却不大有俗尘扑到脸上。英国诗人柯勒列治说：

人知莱茵河，洗净哥龙市；水仙你告我，今有何神力，洗净莱茵水？

那些楼与塔镇压着尘土，不让飞扬起来，与莱茵河的洗刷是异曲同工的。哥龙的大教堂是哥龙的荣耀；单凭这个，哥龙便不死了。这是戈昔式，是世界上最宏大的戈昔式教堂之一。建筑在一二四八年，到一八八〇年才全部落成。欧洲教堂往往如此，大约总是钱不够之故。教堂门墙伟丽，尖拱和直棱，特意繁密，又雕了些小花，小动物，和圣经人物，零星点缀着；近前细看，其精工真令人惊叹。门墙上两尖塔，高五百十五英尺，直入云霄。戈昔式要的是高而灵巧，让灵魂容易上通于天。这也是月光里看好。淡蓝的天干干净净的，只有两条尖尖的影子映在上面；像是人天仅有的通路，又像是人类祈祷的一双胳膊。森严肃穆，不说一字，抵得千言万语。教堂里非常宽大，顶高一百六十英尺。大石柱一行行的，高的一百四十八英尺，低的也六十英尺，都可合抱；在里面走，就像在大森林里，和世界隔绝。尖塔可以上去，玲珑剔透，有凌云之势。塔下通回廊。廊中向下看教堂里，觉得别人小得可怜，自己高得可怪，真是颠倒梦想。

花未眠（节选）

（散文）

【日】川端康成 译/佚名

我常常不可思议地思考一些微不足道的问题。昨日一来到热海的旅馆，旅馆的人拿来了与壁龛里的花不同的海棠花。我太劳顿，早早就入睡了。凌晨四点醒来，发现海棠花未眠。

发现花未眠，我大吃一惊。有葫芦花和夜来香，也有牵牛花和百合花，这些花差不多都是昼夜绽放的。花在夜间是不眠的。这是众所周知的事。可我仿佛才明白过来。凌晨四点凝视海棠花，更觉得它美极了。它盛放，含有一种哀伤的美。

花未眠这众所周知的事，忽然成了新发现花的机缘。自然的美是无限的。

人感受到的美却是有限的。正因为人感受美的能力是有限的，所以说人感受到的美是有限的，自然的美是无限的。至少人的一生中感受到的美是有限的、是很有限的。这是我的实际感受，也是我的感叹。人感受美的能力，既不是与时代同步前进，也不是伴随年龄而增长。凌晨四点的海棠花，应该说也是难能可贵的。如果说，一朵花很美，那么我有时就会不由自主地自语道：要活下去！

画家雷诺阿说：只要有点进步，那就是进一步接近死亡。这是多么凄惨啊。他又说：我相信我还在进步。这是他临终的话。米开朗基罗临终的话也是：事物好不容易如愿表现出来的时候，也就是死亡。米开朗基罗享年八十九岁。我喜欢他的用石膏套制的脸型。

毋宁说，感受美的能力，发展到一定程度是比较容易的。光凭头脑想象是困难的。美是邂逅所得，是亲近所得，这是需要反复陶冶的。比如唯一一件的古代美术作品，成了美的启迪，成了美的开光，这种情况确是很多。所以说，一朵花也是好的。

凝视着壁龛里摆着的一朵插花，我心里想道：与这同样的花自然开放的时候，我会这样仔细凝视它吗？只摘了一朵花插入花瓶，摆在壁龛里，我才凝视注视它。不仅限于花。就说文学吧，今天的小说家如同今天的歌人一样，一般都不怎么认真观察自然。大概认真观察的

我之发现花未眠，大概也是由于我独自住在旅馆里，凌晨四时就醒来的缘故吧

By川端康成

机会很少吧。壁龛里插上一朵花，要再挂上一幅花的画。这画的美，不亚于真花的当然不多。在这种情况下，要是画作拙劣，那么真花就更加显得美。就算画中花很美，可真花的美仍然是很显眼的。然而，我们仔细观赏画中花，却不怎么留心欣赏真的花。

李迪、钱舜举也好，宗达、光琳、御舟以及古径也好，许多时候我们是从他们描绘的花画中领略到真花的美。不仅限于花。最近我在书桌上摆上两件小青铜像，一件是罗丹创作的《女人的手》，一件是玛伊约尔创作的《勒达像》。光这两件作品也能看出罗丹和玛伊约尔的风格是迥然不同的。从罗丹的作品中可以体味到各种的手势，从玛伊约尔的作品中则可以领略到女人的肌肤。他们观察之仔细，不禁让人惊讶。

我家的狗产崽，小狗东倒西歪地迈步的时候，看见一只小狗的小小形象，我吓了一跳。因为它的形象和某种东西一模一样。我发觉原来它和宗达所画的小狗很相似。那是宗达水墨画中的一只在春草上的小狗的形象。我家喂养的是杂种狗，算不上什么好狗，但我深深理解宗达高尚的写实精神。

去年岁暮，我在京都观赏晚霞，就觉得它同长次郎使用的红色一模一样。我以前曾看见过长次郎制造的称之为夕暮的名茶碗。这只花碗的黄色带红釉子，的确是日本黄昏的天色，它渗透到我的心中。我是在京都仰望真正的天空才想起茶碗来的。观赏这只茶碗的时候，我不由地浮现出坂繁二郎的画来。那是一幅小画。画的是在荒原寂寞村庄的黄昏天空上，泛起破碎而蓬乱的十字形云彩。这的确是日本黄昏的天色，它渗入我的心。坂本繁二郎画的霞彩，同长次郎制造的茶碗的颜色，都是日本色彩，在日暮时分的京都，我也想起了这幅画。于是，繁二郎的画、长次郎的茶碗和真正黄昏的天空，三者在我心中相互呼应，显得更美了。

那时候，我去本能寺拜谒浦上玉堂的墓，归途正是黄昏。翌日，我去岚山观赏赖山阳刻的玉堂碑。由于是冬天，没有人到岚山来参观。可我却第一次发现了岚山的美。以前我也曾来过几次，作为一般的名胜，我没有很好地欣赏它的美。岚山总是美的。自然总是美的。不过，有时候，这种美只是某些人看到罢了。

我之发现花未眠，大概也是由于我独自住在旅馆里，凌晨四时就醒来的缘故吧。

青春的回忆

（诗歌）

【爱】叶芝　译／佚名

那些时光，流逝如剧中场景；
我有了爱情带来的智慧；
我有些天赋，然而，
无论我说些什么，
虽能得到她的赞许，却挡不住
一片从苦寒的北方飘来的云
突然隐去了爱神的月亮。

相信我的每一句话，
我赞美她的肉身与灵魂
直到骄傲光耀了她的眼，
直到幸福绯红了她的颊，
直到虚荣轻盈了她的脚步，
然而，虽有这样的赞美，我们
能找到的也只有头顶的阴黑。

春将至

（散文）

【日】井上靖 译/李芝

过了年，把贺年片整理完毕，就会感到春天即将来临的那种望春的心情抬起头来。

翻开年历，方知小寒是一月六日，一月二十一日为大寒。一年中，这时期寒气最为凛冽。实际上日本列岛的北侧正被厚厚的积雪覆盖着，南半部的天空也多是呈现着欲降白雪的灰色。当然也有时遍洒新春的阳光，却不会持久，灰色天空即刻就会回来，寒气也相随而至，不几天即将降雪吧。

严冬季节，寒气袭人，理所当然；在这种情况等待春天的心情，是任何人都会产生的。不光是住在无雪的东京和大阪，即便是北海道和东北一带雪国的人们，依然是没有两样的。总之，生活在全被寒流覆盖着的日本列岛的一切人，不管有雪，抑或是无雪的地方，只要新年一过，都会感到春日的临近，而等待着春天。

我喜爱这种等待春天的心境。住在东京的我，尽管是很少，但也能捕捉到一点春天的信息。今晨，从写作间走下庭院中去，只见一棵红梅和另一棵白梅的枝上长满牙签尖端般小而硬的蓓蕾。

我的幼年在伊豆半岛的山村度过，家乡的庭院多梅树，初春季节齐放白英。没有樱树，也没有桃树，只种了一片小小的梅林。也许是幼年时代熟悉梅树，直到过了半个世纪的现在，依然喜爱梅花。梅花，对于我，已经成为特殊的花。

如今，故乡家院里的梅树减少了，而且年老了，已经看不到幼年时代那种纯白的花朵。即便同是昔日的白花，却略含黄色，并不像《万叶集》和歌中吟咏的酷似雪花那样洁白了。

今朝春雪降，洁白似云霞；梅傲严冬尽，竞相绽白花。
犹如现白雪，缓缓降天涯；朵朵频飞落，不知是何花。

前一首的作者是大伴家持，后者是骏河采女。读了这类和歌，那

严冬季节，寒气袭人，理所当然；在这种情况等待春天的心情，是任何人都会产生的。 By井上靖

种纯白的沁人心脾的白梅，立刻就会浮现于眼帘。

故里家中的梅树都已枯老，但东京书斋旁的唯一的一株白梅，却尚年轻，因而花是纯白的。

梅树过早地长出坚硬的小蓓蕾，这个季节可还没着花。正是在这尚未着花的时刻，自然地培育着一种望春的心情吧。水仙的黄花，山茶的红花，恐怕是这个季节屈指可数的花朵了。

去岁之暮接近年关的时候，我瞻仰桂离宫，广阔的庭园里也未看到花开，只见落霜红和朱砂根的蓓蕾，在广阔庭园的角落里，隐约地闪烁着动人的红光。这个季节，仿佛是树木的蓓蕾代替花朵炫耀着自己的地位。

乘此雪将融，会当山里行；

且赏野桔果，光泽正莹莹。

这也是大伴家持的歌。野桔即是紫金牛，我觉得紫金牛的红色小蓓蕾映衬着皑皑白雪的光景，也许确实具有踏雪前去观赏的价值哩。

前面讲过，我喜爱这种在几乎无花的严冬季节等待春天的心情。每日清晨，坐在写作间前廊子的藤椅上，总是发觉自己沉浸在这样的情致之中。眼下还是颗颗坚硬的小蓓蕾，却在一点点长大，直到那繁枝上凛然绽满白花，这种等待春天的情致始终孕育在心的深处。

我出国旅行，总是初夏和仲秋季节回来。当然，也并非出于什么理由做了这样的决定，而是自然而然地形成的结果。然而，如今却想在什么时候，在那春天已经有了信息却难于降临的二月底或三月初，结束国外旅行，重踏日本的土地。那时，我想一定会深刻地感受到日本节气变化的微妙，和随之改换面貌的日本这一季节景物的细致美。

然而，这种等待春天的一、二、三月期间，大气中的自然运行，却是非常复杂微妙，春天绝不是顺顺当当地走向前来的。

小寒、大寒，大致都是一月初或月中，因此，新春一月便是一年中最冷的时节，一直要持续到二月四日的立春时分。当然，这不过是历书上的事，实际上也并不如此规规矩矩。有时小寒比大寒还要冷，又有时大寒都不那么冷，等到二月立春之后，才真正冷上一阵子。不，与其说冷上一阵子，毋宁说这种情形居多。

但是，尽管只是历书上写着，立春这个词，也蕴含着一种难以言状的明朗性。过年了，春天就近了；春天近了，等到春天到来的心情便活跃起来。历书上的立春，使人怀起一种期待：这回春天可真的要来了！

实际上，春天总是姗姗来迟，寒冬依然漫长，然而，千真万确，春天正在一步步走近，只是很难看到它会加快步子罢了。这种春日来临的步调，恐怕是日本独有的；似乎很不准确，实际上却准确得出乎意料。

人们都把立春后的寒冷叫做余寒，实际上远远不是称为余寒的一般寒冷。这时候，即会降雪，一年中最冷的寒气也会袭来。然而，即便是这种寒气，等一近三月，便一点点地减轻，简直是人们既有所感，又无察觉的程度。

不过，即便进了三月，春天依然没有露面。只是弄好了，没有阳光、天色和树木的姿容，会不觉间给人以春的感觉，余寒会变成名副其实的春寒。这样，与此同时，连那些从天上降下的东西，那种降落的样子，也会多少发生些变化。那就是“春雪”“淡雪”和“春霰”。总之，春寒会千方百计改变着态度，时而露出面孔来，时而又把身子缩了回去。

在这样的三月里，有一次寒流袭击了日本列岛的中部，正是三月

过年了，春天就近了；春天近了，等到春天到来的心情便活跃起来 By 井上靖

十三日奈良举行汲水活动的当口。近畿一带，奇怪的是这时节却受到寒流的洗礼。也正在此时，我在东京的家，三月初开始着花的白梅达到盛开时分。每年，当我望见白梅盛开，便又一度想到历书上的记载。于是发现，大抵上相当于汲水日，或在其以前或以后两三天，并且就在两三天里气温下降，十分寒冷。我的眼前浮现出，在奈良古寺的殿堂里，松枝火炬照亮黑暗的情景。看来，也许并非照亮了黑暗，而是照亮了寒流。这时节的春寒，确实是不容怀疑的。

白梅是在汲水时节盛开，红梅却只乍开三分。白梅在三月末凋零殆尽，红梅却进了四月，还多是保存着凋余的疏花。在那白梅开始凋落的时分，杏花和李花就开始着花，好不容易春天才正式来到人间。

然而，三月末，或是四月初，我家的红梅繁花正盛的时节还要再来一次寒流。那正是比良湾风浪滔滔的季节。自古以来，就流传着比良大明神修讲《法华经》之时，琵琶湖便风滔大作，寒气袭来。实际上，这时节，京都和大阪地方还要经受一次最后的寒流袭击。不只是京都一带，东京也是如此。

这样，与杏、李大致同时，桃树也开始着花。杏树的花期较短，刚刚看到开了花，一夜春风就会吹得落英缤纷，或是小鸟光临，一刹时变成光秃秃的。李花虽不像杏花那样来去匆匆，但也是短命的。比较起来，依然是桃花生命力强，一直开到樱花换班的时节。

今年恐怕也与往年相似，一、二、三月之间，寒流会在日本列岛来来往往，梅树的蓓蕾就在这中间一点点长大吧。日本的大自然，在为春天作准备的夹当，既十分复杂，又朝三暮四，但是总的来看，恐怕也还是呈现着一种严格地遵循既定规律的动向。梅、杏、李、桃、樱，都在各自等待时机，准确地出场到春天的舞台上来。

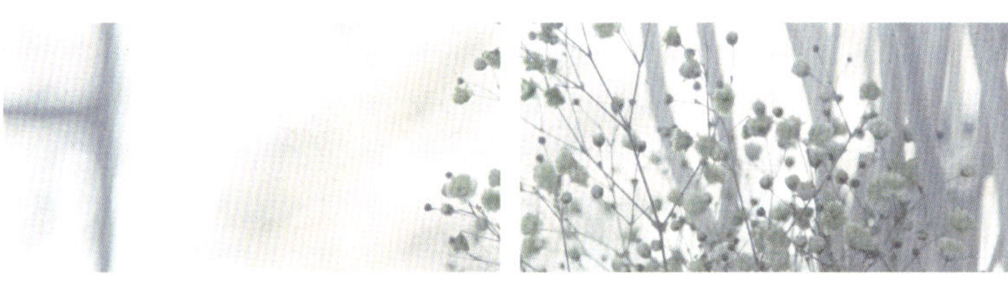

江南的冬景

（散文）

郁达夫

凡在北国过过冬天的人，总都道围炉煮茗，或吃煊羊肉，剥花生米，饮白干的滋味。而有地炉，暖炕等设备的人家，不管它门外面是雪深几尺，或风大若雷，而躲在屋里过活的两三个月的生活，却是一年之中最有劲的一段蛰居异境；老年人不必说，就是顶喜欢活动的小孩子们，总也是个个在怀恋的，因为当这中间，有的萝卜，雅儿梨等水果的闲食，还有大年夜，正月初一元宵等热闹的节期。

但在江南，可又不同；冬至过后，大江以南的树叶，也不至于脱尽。寒风——西北风——间或吹来，至多也不过冷了一日两日。到得灰云扫尽，落叶满街，晨霜白得像黑女脸上的脂粉似的清早，太阳一

江南的地质丰腴而润泽，所以含得住热气，养得住植物。 By郁达夫

上屋檐，鸟雀便又在吱叫，泥地里便又放出水蒸气来，老翁小孩就又可以上门前的隙地里去坐着曝背谈天，营屋外的生涯了；这一种江南的冬景，岂不也可爱得很么？

我生长江南，儿时所受的江南冬日的印象，铭刻特深；虽则渐入中年，又爱上了晚秋，以为秋天正是读读书，写写字的人的最惠节季，但对于江南的冬景，总觉得是可以抵得过北方夏夜的一种特殊情调，说得摩登些，便是一种明朗的情调。

我也曾到过闽粤，在那里过冬天，和暖原极和暖，有时候到了阴历的年边，说不定还不得不拿出纱衫来着；走过野人的篱落，更还看得见许多杂七杂八的秋花！一番阵雨雷鸣过后，凉冷一点；至多也只好换上一件夹衣，在闽粤之间，皮袍棉袄是绝对用不着的；这一种极南的气候异状，并不是我所说的江南的冬景，只能叫它作南国的长春，是春或秋的延长。

江南的地质丰腴而润泽，所以含得住热气，养得住植物；因而长江一带，芦花可以到冬至而不败，红时也有时候会保持得三个月以上的生命。像钱塘江两岸的乌桕树，则红叶落后，还有雪白的桕子着在枝头，一点一丛，用照相机照将出来，可以乱梅花之真。草色顶多成了赭色，根边总带点绿意，非但野火烧不尽，就是寒风也吹不倒的。若遇到风和日暖的午后，你一个人肯上冬郊去走走，则青天碧落之下，你不但感不到岁时的肃杀，并且还可以饱觉着一种莫名其妙的含蓄在那里的生气；“若是冬天来了，春天也总马上会来”的诗人的名句，只有在江南的山野里，最容易体会得出。

说起了寒郊的散步，实在是江南的冬日，所给与江南居住者的一种特异的恩惠；在北方的冰天雪地里生长的人，是终他的一生，也决不会有享受这一种清福的机会的。我不知道德国的冬天，比起我们江浙来如何，但从许多作家的喜欢以Spaziergang一字来做他们的创造题目的一点看来，大约是德国南部地方，四季的变迁，总也和我们的江南差仿不多。譬如说十九世纪的那位乡土诗人洛在格（Peter Rosegger1843—1918）罢，他用这一个“散步”做题目的文章尤其写得多，而所写的情形，却又是大半可以拿到中国江浙的山区地方来适用的。

江南河港交流，且又地滨大海，湖沼特多，故空气里时含水分；到得冬天，不时也会下着微雨，而这微雨寒村里的冬霖景象，又是一种说不出的悠闲境界。你试想想，秋收过后，河流边三五家人家会聚在一道的一个小村子里，门对长桥，窗临远阜，这中间又多是树枝槎丫的杂木树林；在这一幅冬日农村的图上，再洒上一层细得同粉也似的白雨，加上一层淡得几不成墨的背景，你说还够不够悠闲？若再要点景致进去，则门前可以泊一只篷小船，茅屋里可以添几个喧哗的酒客，天垂暮了，还可以加一味红黄，在茅屋窗中画上一圈暗示着灯光的月晕。人到了这一个境界，自然会得胸襟洒脱起来，终至于得失俱亡，死生不同了；我们总该还记得唐朝那位诗人做的“暮雨潇潇江上树”的一首绝句罢？诗人到此，连对绿林豪客都客气起来了，这不是江南冬景的迷人又是什么？

一提到雨，也就必然的要想到雪：“晚来天欲雪，能饮一杯无？”自然是江南日暮的雪景。“寒沙梅影路，微雪酒香村”，则雪月梅的冬宵三友，会合在一道，在调戏酒姑娘了。“柴门村犬吠，风雪夜归人”，是江南雪夜，更深人静后的景况。“前树深雪里，昨夜一枝开”又到了第二天的早晨，和狗一样喜欢弄雪的村童来报告村景了。诗人的诗句，也许不尽是在江南所写，而做这几句诗的诗人，也许不尽是江南人，但假了这几句诗来描写江南的雪景，岂不直截了当，比我这一枝愚劣的笔所写的散文更美丽得多？

有几年，在江南，在江南也许会没有雨没有雪的过一个冬，到了春间阴历的正月底或二月初再冷一冷下一点春雪的；去年（一九三四）的冬天是如此，今年的冬天恐怕也不得不然，以节气推算起来，大约太冷的日子，将在一九三六年的二月尽头，最多也总不过是七八天的样子。像这样的冬天，乡下人叫作旱冬，对于麦的收成或者好些，但是人口却要受到损伤；旱得久了，白喉，流行性感冒等疾病自然容易上身，可是想恣意享受江南的冬景的人，在这一种冬天，倒只会得到快活一点，因为晴和的日子多了，上郊外去闲步逍遥的机会自然也多；日本人叫作Hi-king，德国人叫作Spaziergang狂者，所最欢迎的也就是这样的冬天。

窗外的天气晴朗得像晚秋一样；晴空的高爽，日光的洋溢，引诱得使你在房间里坐不住，空言不如实践，这一种无聊的杂文，我也不再想写下去了，还是拿起手杖，搁下纸笔，上湖上散散步罢！

一九三五年十二月一日

（选自花城出版社，三联书店香港分店一九八二年版《郁达夫文集》第四卷）

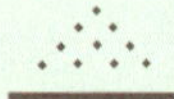

时 光 电 影 院

心要有猛虎和蔷薇

让心中，永远存有一个美好的目标

海滩上种花（节选）

（散文）

徐志摩

朋友是一种奢华：且不说酒肉势利，那是说不上朋友，真朋友是相知，但相知谈何容易，你要打开人家的心，你先得打开你自己的，你要在你的心里容纳人家的心，你先得把你的心推放到人家的心里去；这真心或真性情的相互的流转，是朋友的秘密，是朋友的快乐。但这是说你内心的力量够得到，性灵的活动有富余，可以随时开放，随时往外流，像山里的泉水，流向容得住你的同情的沟槽；有时你得冒险，你得花本钱，你得抵拼在巉岈的乱石间，触刺的草缝里耐心的寻路，那时候艰难，苦痛，消耗，实在是可能的，在你这水一般灵动，水一般柔顺的寻求同情的心能找到平安欣快以前。

我所以说朋友是奢华，“相知”是宝贝，但得拿真性情的血本去换，去拼。因此我不敢轻易说话，因为我自己知道我的来源有限，十分的谨慎尚且不时有破产的恐惧；我不能随便“花”。前天有几位小朋友来邀我跟你们讲话，他们的恳切折服了我，使我不得不从命，但是小朋友们，说也惭愧，我拿什么来给你们呢？

我最先想来对你们说些孩子话，因为你们都还是孩子。但是那孩子的我到哪里去了？仿佛昨天我还是个孩子，今天不知怎的就变了样。什么是孩子要不为一点活泼的天真，但天真就比是泥土里的嫩芽，天冷泥土硬就压住了它的生机——这年头问谁去要和暖的春风？

孩子是没了。你记得的只是一个不清切的影子，模糊得很，我这时候想起就像是一个瞎子追念他自己的容貌，一样的记不周全；他即使想急了拿一双手到脸上去印下一个模子来，那模子也是个死的。真的没了。一天在公园里见一个小朋友不提多么活泼，一忽儿上山，一忽儿爬树，一忽儿溜冰，一忽儿干草里打滚，要不然就跳着憨笑；我看着羡慕，也想学样，跟他一起玩，但是不能，我是一个大人，身上穿着长袍，心里存着体面，怕招人笑，天生的灵活换来矜持的存心——孩子，孩子是没有的了，有的只是一个年岁与教育蛀空了的躯壳，死僵僵的，不自然的。

我又想找回我们天性里的野人来对你们说话。因为野人也是接近自然的；我前几年过印度时得到极刻心的感想，那里的街道房屋以及土人的体肤容貌，生活的习惯，虽则简，虽则陋，虽则夸张，却处处

你要打开人家的心，你先得打开你自己的。 By 徐志摩

与大自然——上面碧蓝的天，火热的阳光，地下焦黄的泥土，高矗的椰树——相调谐。情调，色彩，结构，看来有一种意义的一致，就比是一件完美的艺术的作品。

也不知怎的，那天看了他们的街，街上的牛车，赶车的老头露着他的赤光的头颅与紫姜色的圆肚，他们的庙，庙里的圣像与神座前的花，我心里只是不自在，就仿佛这情景是一个熟悉的声音的叫唤，叫你去跟着他，你的灵魂也何尝不活跳跳的想答应一声“好，我来了”，但是不能，又有碍路的挡着你，不许你回复这叫唤声启示给你的自由。困着你的是你的教育；我那时的难受就比是一条蛇摆脱不了困住他的一个硬性的外壳——野人也给压住了，永远出不来。

所以今天站在你们上面的我不再是融会自然的野人，也不是天机活灵的孩子：我只是一个“文明人”，我能说的只是“文明话”。但什么是文明或是堕落?文明人的心里只是种种虚荣的念头，他到处忙不算，到处都得计较成败。我怎么能对着你们不感觉惭愧?不了解自然不仅是我的心，我的话也是的。并且我即使有话说也没法表现，即使有思想也不能使你们了解；内里那点子性灵就比是在一座石壁里牢牢的砌住，一丝光亮都不透，就凭这双眼望见你们，但有什么法子可以传达我的意思给你们，我已经忘却了原来的语言，还有什么话可说的?

但我的小朋友们还是逼着我来说谎（没有话说而勉强说话便是

智慧是地狱里的花果，能进地狱更能出地狱的才采得着智慧。 By徐志摩

谎）。知识，我不能给；要知识你们得请教教育家去，我这里是没有的。智慧，更没有了：智慧是地狱里的花果，能进地狱更能出地狱的才采得着智慧，不去地狱的便没有智慧——我是没有的。

我正发窘的时候，来了一个救星——就是我手里这一小幅画，等我来讲道理给你们听。这张画是我的拜年片，一个朋友替我制的。你们看这个小孩子在海边沙滩上独自的玩，赤脚穿着草鞋，右手提着一枝花，使劲把它往沙里栽，左手提着一把浇花的水壶，壶里水点一滴滴的往下掉着。离着小孩不远看得见海里翻动着的波澜。

你们看出了这画的意思没有？

在海砂里种花。在海砂里种花！那小孩这一番种花的热心怕是白费的了。砂碛是养不活鲜花的，这几点淡水是不能帮忙的；也许等不到小孩转身，这一朵小花已经支不住阳光的逼迫，就得交卸他有限的生命，枯萎了去。况且那海水的浪头也快打过来了，海浪冲来时不说这朵小小的花，就是大根的树也怕站不住——所以这花落在海边上是绝望的了，小孩这番力量准是白花的了。

你们一定很能明白这个意思。我的朋友是很聪明的，他拿这画意来比我们一群呆子，乐意在白天里做梦的呆子，满心想在海砂里种花的傻子。画里的小孩拿着有限的几滴淡水想维持花的生命，我们一群梦人也想在现在比沙漠还要干枯比沙滩更没有生命的社会里，凭着最有限的力量，想下几颗文艺与思想的种子，这不是一样的绝望，一样的傻?想在海砂里种花，多可笑呀!但我的聪明的朋友说，这幅小小画里的意思还不止此；讽刺不是她的目的。她要我们更深一层看。

（选自北京北新书局一九二六年六月版《落叶》）

永远的憧憬和追求

（散文）

萧红

一九一一年，在一个小县城里边，我生在一个小地主的家里。那县城差不多就是中国的最东最北部——黑龙江省——所以一年之中，倒有四个月飘着白雪。

父亲常常为着贪婪而失掉了人性。他对待仆人，对待自己的儿女，以及对待我的祖父都是同样的吝啬而疏远，甚至于无情。

有一次，为着房屋租金的事情，父亲把房客的全套的马车赶了过来。房客的家属们哭着诉说着，向我的祖父跪了下来，于是祖父把两匹棕色的马从车上解下来还了回去。

为着这两匹马，父亲向祖父起着终夜的争吵。“两匹马，咱们是算不了什么的，穷人，这匹马就是命根。”祖父这样说着，而父亲还是争吵。九岁时，母亲死去。父亲也就更变了样，偶然打碎了一只杯子，他就要骂到使人发抖的程度。后来就连父亲的眼睛也转了弯，每从他的身边经过，我就像自己的身上生了针刺一样；他斜视着你，他那高傲的眼光从鼻梁经过嘴角而后往下流着。

所以每每在大雪中的黄昏里，围着暖炉，围着祖父，听着祖父读着诗篇，看着祖父读着诗篇时微红的嘴唇。

父亲打了我的时候，我就在祖父的房里，一直面向着窗子，从黄昏到深夜——窗外的白雪，好像白棉花一样飘着，而暖炉上水壶的盖子则像伴奏的乐器似的振动着。

祖父时时把多纹的两手放在我的肩上，而后又放在我的头上，我的耳边便响着这样的声音：

“快快长吧！长大就好了。”

二十岁那年，我就逃出了父亲的家庭。直到现在还是过着流浪的生活。

“长大”是“长大”了，而没有“好”。

可是从祖父那里，知道了人生除掉了冰冷和憎恶而外，还有温暖和爱。

所以我就向这“温暖”和“爱”的方面，怀着永久的憧憬和追求。

一九三六年十二月十二日

（选自广西师范大学出版社一九九五年六月版《萧红作品精选》）

西风颂

（诗歌）

【英】雪莱 译/查良铮

一

哦，狂暴的西风，秋之生命的呼吸！
你无形，但枯死的落叶被你横扫，
有如鬼魅碰到了巫师，纷纷逃避：
黄的，黑的，灰的，红得像患肺痨，
呵，重染疫疠的一群：西风呵，是你
以车驾把有翼的种子催送到
黑暗的冬床上，它们就躺在那里，
像是墓中的死尸，冰冷，深藏，低贱，
直等到春天，你碧空的姊妹吹起
她的喇叭，在沉睡的大地上响遍，
（唤出嫩芽，像羊群一样，觅食空中）
将色和香充满了山峰和平原：
不羁的精灵呵，你无处不运行；
破坏者兼保护者：听吧，你且聆听！

二

没入你的急流，当高空一片混乱，
流云像大地的枯叶一样被撕扯
脱离天空和海洋的纠缠的枝干。
成为雨和电的使者：它们飘落
在你的磅礴之气的蔚蓝的波面，
有如狂女的飘扬的头发在闪烁，
从天穹最遥远而模糊的边沿
直抵九霄的中天，到处都在摇曳
欲来雷雨的卷发。对濒死的一年
你唱出了葬歌，而这密集的黑夜
将成为它广大墓陵的一座圆顶，
里面正有你的万钧之力在凝结；
那是你的浑然之气，从它会迸涌
黑色的雨，冰雹和火焰：哦，你听！

三

是你，你将蓝色的地中海唤醒，
而它曾经昏睡了一整个夏天，
被澄澈水流的回旋催眠入梦，
就在巴亚海湾的一个浮石岛边，
它梦见了古老的宫殿和楼阁

在水天辉映的波影里抖颤，
而且都生满青苔，开满花朵，
那芬芳真迷人欲醉！呵，为了给你
让一条路，大西洋的汹涌的浪波
把自己向两边劈开，而深在渊底
那海洋中的花草和泥污的森林
虽然枝叶扶疏，却没有精力；
听到你的声音，它们已吓得发青：
一边战栗，一边自动萎缩：哦，你听！

四

唉，假如我是一片枯叶被你浮起，
假如我是能和你飞跑的云雾，
是一个波浪，和你的威力同喘息
假如我分有你的脉搏，仅仅不如
你那么自由，哦，无法约束的生命！
假如我能像在少年时，凌风而舞
便成了你的伴侣，悠游天空
（因为呵，那时候，要想追你上云霄，
似乎并非梦幻），我就不致像如今
这样焦躁地要和你争相祈祷。
哦，举起我吧，当我是水波、树叶、浮云！

我跌在生活底荆棘上，我流血了！
这被岁月的重轭所制服的生命
原是和你一样：骄傲、轻捷而不驯。

五

把我当作你的竖琴吧，有如树林：
尽管我的叶落了，那有什么关系！
你巨大的合奏所振起的乐音
将染有树林和我的深邃的秋意：
虽忧伤而甜蜜。呵，但愿你给予我
狂暴的精神！奋勇者呵，让我们合一！
请把我枯死的思想向世界吹落，
让它像枯叶一样促成新的生命！
哦，请听从这一篇符咒似的诗歌，
就把我的话语，像是灰烬和火星
从还未熄灭的炉火向人间播散！
让预言的喇叭通过我的嘴唇
把昏睡的大地唤醒吧！西风呵，
如果冬天来了，春天还会远吗？

序曲

（诗歌）

【英】艾略特　译／赵毅衡

冬夜带着牛排味
凝固在过道里。
六点钟。
烟腾腾的白天烧剩的烟蒂。

而现在阵雨骤然
把萎黄的落叶那污秽的碎片
还有从空地吹来的报纸
裹卷在自己脚边。

阵雨敲击着
破碎的百叶窗和烟囱管，
在街道的转弯
一匹孤独的马冒着热气刨着蹄，
然后路灯一下子亮起。

影的告别

（诗歌）

鲁迅

人睡到不知道时候的时候，就会有影来告别，说出那些话——

有我所不乐意的在天堂里，我不愿去；有我所不乐意的在地狱里，我不愿去；有我所不乐意的在你们将来的黄金世界里，我不愿去。

然而你就是我所不乐意的。

朋友，我不想跟随你了，我不愿住。

我不愿意！

呜乎呜乎，我不愿意，我不如彷徨于无地。

我不过一个影，要别你而沉没在黑暗里了。然而黑暗又会吞并我，然而光明又会使我消失。

然而我不愿彷徨于明暗之间，我不如在黑暗里沉没。

然而我终于彷徨于明暗之间，我不知道是黄昏还是黎明。我姑且举灰黑的手装作喝干一杯酒，我将在不知道时候的时候独自远行。

呜乎呜乎，倘若黄昏，黑夜自然会来沉没我，否则我要被白天消失，如果现是黎明。

朋友，时候近了。

我将向黑暗里彷徨于无地。

你还想我的赠品。我能献你甚么呢？无已，则仍是黑暗和虚空而已。但是，我愿意只是黑暗，或者会消失于你的白天；我愿意只是虚

我愿意只是黑暗，或者会消失于你的白天；我愿意只是虚空，决不占你的心地。　By鲁迅

空，决不占你的心地。

我愿意这样，朋友——

我独自远行，不但没有你，并且再没有别的影在黑暗里。只有我被黑暗沉没，那世界全属于我自己。

一九二四年九月二十四日

（原载一九二四年十二月八日《语丝》周刊第四期）

匆 匆
（散文）

朱自清

聪明的，你告诉我，我们的日子为什么一去不复返呢？ By朱自清

燕子去了，有再来的时候；杨柳枯了，有再青的时候；桃花谢了，有再开的时候。但是，聪明的，你告诉我，我们的日子为什么一去不复返呢？——是有人偷了他们罢：那是谁？又藏在何处呢？是他们自己逃走了罢：现在又到了哪里呢？

我不知道他们给了我多少日子；但我的手确乎是渐渐空虚了。在默默里算着，八千多日子已经从我手中溜去；像针尖上一滴水滴在大海里，我的日子滴在时间的流里，没有声音，也没有影子。我不禁头涔涔而泪潸潸了。

去的尽管去了，来的尽管来着；去来的中间，又怎样地匆匆呢？早上我起来的时候，小屋里射进两三方斜斜的太阳。太阳他有脚啊，轻轻悄悄地挪移了；我也茫茫然跟着旋转。于是——洗手的时候，日子从水盆里过去；吃饭的时候，日子从饭碗里过去；默默时，便从凝然的双眼前过去。我觉察他去的匆匆了，伸出手遮挽时，他又从遮挽着的手边过去，天黑时，我躺在床上，他便伶伶俐俐地从我身上跨过，从我脚边飞去了。等我睁开眼和太阳再见，这算又溜走了一日。我掩着面叹息。但是新来的日子的影儿又开始在叹息里闪过了。

在逃去如飞的日子里，在千门万户的世界里的我能做些什么呢？只有徘徊罢了，只有匆匆罢了；在八千多日的匆匆里，除徘徊外，又剩些什么呢？过去的日子如轻烟，被微风吹散了，如薄雾，被初阳蒸融了；我留着些什么痕迹呢？我何曾留着像游丝样的痕迹呢？我赤裸裸来到这世界，转眼间也将赤裸裸的回去罢？但不能平的，为什么偏要白白走这一遭啊？

你聪明的，告诉我，我们的日子为什么一去不复返呢？

（原载一九二四年上海亚东图书馆出版《踪迹》）

海燕

（诗歌）

【俄】高尔基　译／瞿秋白

白濛濛的海面的上头，风儿在收集着阴云。在阴云和海的中间，得意洋洋地掠过了海燕，好像深黑色的闪电。

一忽儿，翅膀碰到浪花，一忽儿，像箭似的冲到阴云，它在叫着，而在这鸟儿的勇猛的叫喊里，阴云听见了欢乐。

这叫喊里面——有的是对于暴风雨的渴望!愤怒的力量，热情的火焰和对于胜利的确信，是阴云在这叫喊里所听见的。

海鸥在暴风雨前头哼着，——哼着，在海面上窜着，愿意把自己对于暴风雨的恐惧藏到海底里去。

潜水鸟也哼着，——它们这些潜水鸟，够不上享受生活的战斗的快乐：轰击的雷声就把它们吓坏了。

蠢笨的企鹅，畏缩地在崖岸底下躲藏着肥胖的身体……只有高傲的海燕，勇敢地，自由自在地，在这泛着白沫的海上飞掠着。

阴云越来越昏暗，越来越低地落到海面上来了，波浪在唱着，在冲上去，迎着高处的雷声。

雷响着。波浪在愤怒的白沫里吼着，和风儿争论着，看吧，风儿抓住了一群波浪，紧紧地抱住了，恶狠狠地一摔，扔在崖岸上，把这大块的翡翠石砸成了尘雾和水沫。

海燕叫喊着，飞掠过去，好像深黑色的闪电，箭似的射穿那阴云，用翅膀刮起那浪花的泡沫。

看吧，它飞舞着，像仙魔似的——高傲的，深黑色的，暴风雨的

让暴风雨来得更猛烈些罢！ By高尔基

仙魔，——它在笑，又在嚎叫……它笑那阴云，它欢乐得嚎叫！

在雷声的震怒里，它这敏感的仙魔——早就听见了疲乏；它确信，阴云是遮不住太阳的，是的，遮不住的！

风吼着……雷响着……

一堆堆的阴云，好像深蓝的火焰，在这无底的海的头上浮动。海在抓住闪电的光芒，把它熄灭在自己的深渊，像是火蛇似的，在海里游动着，消逝了，这些闪电的影子。

“暴风雨！暴风雨快要爆发了！”

那是勇猛的海燕，在闪电中间，在怒吼的海的头上，得意洋洋地飞掠着；这胜利的预言家叫了：

“让暴风雨来得更猛烈些罢！”

秋叶

（诗歌）

陆小曼

一声声的狂吼从东北里

带来了一阵残酷的秋风，

狮虎似的扫荡得

枝头上半枯残枝

飘落在蔓草上乱打转儿，

浪花似的卷着往前直跑

你看——它们好像已经有了目标！

它们穿过了鲜红的枫林：

看枫叶躲在枝头飘摇，
好像夸耀它们的消遥？
可是不，你看我偏不眼热！
那暂时栖身，片刻的停留；
但等西北风到，它们
不是跟我一样的遭殃，
同样的飘荡？不，不，
我还是去寻我的方向。
它们穿过了乱草与枯枝，
凌乱的砾石也挡不了道儿；
碧水似的秋月放出了
灿烂的光辉，像一盏
琉璃的明灯照着它们，
去寻——寻它们的目标。
那一流绿沉沉的清溪，
在那边等着它们去洗涤
满身粘染着的污泥；
再送到那浪涛的大海里，
永远享受那光明的清辉。

（选自百花文艺出版社二〇〇二年一月版《陆小曼诗文》）

《呐喊》自序

（散文）

鲁迅

我在年青时候也曾经做过许多梦，后来大半忘却了，但自己也并不以为可惜。所谓回忆者，虽说可以使人欢欣，有时也不免使人寂寞，使精神的丝缕还牵着已逝的寂寞的时光，又有什么意味呢，而我偏苦于不能全忘却，这不能全忘的一部分，到现在便成了《呐喊》的来由。

我有四年多，曾经常常——几乎是每天，出入于质铺和药店里，年纪可是忘却了，总之是药店的柜台正和我一样高，质铺的是比我高一倍，我从一倍高的柜台外送上衣服或首饰去，在侮蔑里接了钱，再到一样高的柜台上给我久病的父亲去买药。回家之后，又须忙别的事了，因为开方的医生是最有名的，以此所用的药引也奇特：冬天的芦根，经霜三年的甘蔗，蟋蟀要原对的，结子的平地木，……多不是容易办到的东西。然而我的父亲终于日重一日的亡故了。

有谁从小康人家而坠入困顿的么，我以为在这途路中，大概可以看见世人的真面目；我要到N进K学堂去了，仿佛是想走异路，逃异地，去寻求别样的人们。我的母亲没有法，办了八元的川资，说是由我的自便；然而伊哭了，这正是情理中的事，因为那时读书应试是正路，所谓学洋务，社会上便以为是一种走投无路的人，只得将灵魂卖给鬼子，要加倍的奚落而且排斥的，而况伊又看不见自己的儿子了。然而我也顾不得这些事，终于到N去进了K学堂了，在这学堂里，我才知道世上还有所谓格致，算学，地理，历史，绘图和体操。生理学并不教，但我们却看到些木版的《全体新论》和《化学卫生论》之类了。我还记得先前的医生的议论和方药，和现在所知道的比较起来，便渐渐的悟得中医不过是一种有意的或无意的骗子，同时又很起了对于被骗的病人和他的家族的同情；而且从译出的历史上，又知道了日本维新是大半发端于西方医学的事实。

因为这些幼稚的知识，后来便使我的学籍列在日本一个乡间的医学专门学校里了。我的梦很美满，预备卒业回来，救治像我父亲似的

这寂寞又一天一天的长大起来，如大毒蛇，缠住了我的灵魂了。 By 鲁迅

被误的病人的疾苦，战争时候便去当军医，一面又促进了国人对于维新的信仰。我已不知道教授微生物学的方法，现在又有了怎样的进步了，总之那时是用了电影，来显示微生物的形状的，因此有时讲义的一段落已完，而时间还没有到，教师便映些风景或时事的画片给学生看，以用去这多余的光阴。其时正当日俄战争的时候，关于战事的画片自然也就比较的多了，我在这一个讲堂中，便须常常随喜我那同学们的拍手和喝采。有一回，我竟在画片上忽然会见我久违的许多中国人了，一个绑在中间，许多站在左右，一样是强壮的体格，而显出麻木的神情。据解说，则绑着的是替俄国做了军事上的侦探，正要被日军砍下头颅来示众，而围着的便是来赏鉴这示众的盛举的人们。

这一学年没有完毕，我已经到了东京了，因为从那一回以后，我便觉得医学并非一件紧要事，凡是愚弱的国民，即使体格如何健全，如何茁壮，也只能做毫无意义的示众的材料和看客，病死多少是不必以为不幸的。所以我们的第一要著，是在改变他们的精神，而善于改变精神的是，我那时以为当然要推文艺，于是想提倡文艺运动了。在东京的留学生很有学法政理化以至警察工业的，但没有人治文学和美术；可是在冷淡的空气中，也幸而寻到几个同志了，此外又邀集了必须的几个人，商量之后，第一步当然是出杂志，名目是取“新的生命”的意思，因为我们那时大抵带些复古的倾向，所以只谓之《新生》。

《新生》的出版之期接近了，但最先就隐去了若干担当文字的人，接着又逃走了资本，结果只剩下不名一钱的三个人。创始时候既已背时，失败时候当然无可告语，而其后却连这三个人也都为各自的运命所驱策，不能在一处纵谈将来的好梦了，这就是我们的并未产生的《新生》的结局。

我感到未尝经验的无聊，是自此以后的事。我当初是不知其所以然的；后来想，凡有一人的主张，得了赞和，是促其前进的，得了反对，是促其奋斗的，独有叫喊于生人中，而生人并无反应，既非赞同，也无反对，如置身毫无边际的荒原，无可措手的了，这是怎样的悲哀呵，我于是以我所感到者为寂寞。

这寂寞又一天一天的长大起来，如大毒蛇，缠住了我的灵魂了。

然而我虽然自有无端的悲哀，却也并不愤懑，因为这经验使我反省，看见自己了：就是我决不是一个振臂一呼应者云集的英雄。

只是我自己的寂寞是不可不驱除的，因为这于我太痛苦。我于是用了种种法，来麻醉自己的灵魂，使我沉入于国民中，使我回到古代去，后来也亲历或旁观过几样更寂寞更悲哀的事，都为我所不愿追怀，甘心使他们和我的脑一同消灭在泥土里的，但我的麻醉法却也似乎已经奏了功，再没有青年时候的慷慨激昂的意思了。

S会馆里有三间屋，相传是往昔曾在院子里的槐树上缢死过一个女人的，现在槐树已经高不可攀了，而这屋还没有人住；许多年，我便寓在这屋里钞古碑。客中少有人来，古碑中也遇不到什么问题和主义，而我的生命却居然暗暗的消去了，这也就是我惟一的愿望。夏夜，蚊子多了，便摇着蒲扇坐在槐树下，从密叶缝里看那一点一点的青天，晚出的槐蚕又每每冰冷的落在头颈上。

那时偶或来谈的是一个老朋友金心异，将手提的大皮夹放在破桌上，脱下长衫，对面坐下了，因为怕狗，似乎心房还在怦怦的跳动。

“你钞了这些有什么用？”有一夜，他翻着我那古碑的钞本，发了研究的质问了。

“没有什么用。”

“那么，你钞他是什么意思呢？”

“没有什么意思。”

“我想，你可以做点文章……”

我懂得他的意思了，他们正办《新青年》，然而那时仿佛不特没

我虽然自有我的确信，然而说到希望，却是不能抹杀的，因为希望是在于将来，决不能以我之必无的证明，来折服了他之所谓可有。 By 鲁迅

有人来赞同，并且也还没有人来反对，我想，他们许是感到寂寞了，但是说：

“假如一间铁屋子，是绝无窗户而万难破毁的，里面有许多熟睡的人们，不久都要闷死了，然而是从昏睡入死灭，并不感到就死的悲哀。现在你大嚷起来，惊起了较为清醒的几个人，使这不幸的少数者来受无可挽救的临终的苦楚，你倒以为对得起他们么？”

“然而几个人既然起来，你不能说决没有毁坏这铁屋的希望。”

是的，我虽然自有我的确信，然而说到希望，却是不能抹杀的，因为希望是在于将来，决不能以我之必无的证明，来折服了他之所谓可有，于是我终于答应他也做文章了，这便是最初的一篇《狂人日记》。从此以后，便一发而不可收，每写些小说模样的文章，以敷衍朋友们的嘱托，积久了就有了十余篇。

在我自己，本以为现在是已经并非一个切迫而不能已于言的人了，但或者也还未能忘怀于当日自己的寂寞的悲哀罢，所以有时候仍不免呐喊几声，聊以慰藉那在寂寞里奔驰的猛士，使他不惮于前驱。至于我的喊声是勇猛或是悲哀，是可憎或是可笑，那倒是不暇顾及的；但既然是呐喊，则当然须听将令的了，所以我往往不恤用了曲笔，在《药》的瑜儿的坟上平空添上一个花环，在《明天》里也不叙单四嫂子竟没有做到看见儿子的梦，因为那时的主将是不主张消极的。至于自己，却也并不愿将自以为苦的寂寞，再来传染给也如我那年青时候似的正做着好梦的青年。

这样说来，我的小说和艺术的距离之远，也就可想而知了，然而到今日还能蒙着小说的名，甚而至于且有成集的机会，无论如何总不能不说是一件侥幸的事，但侥幸虽使我不安于心，而悬揣人间暂时还有读者，则究竟也仍然是高兴的。

所以我竟将我的短篇小说结集起来，而且付印了，又因为上面所说的缘由，便称之为《呐喊》。

一九二二年十二月三日，鲁迅记于北京

（原载北京新潮出版社一九二三年八月版《呐喊》）

年轻

（散文）

【美】乌尔曼 译/佚名

年轻，并非人生旅程的一段时光，也并非粉颊红唇和体魄的矫健。

它是心灵中的一种状态，是头脑中的一个意念，是理性思维中的创造潜力，是情感活动中的一股勃勃的朝气，是人生春色深处的一缕东风。

年轻，意味着甘愿放弃温馨浪漫的爱情去闯荡生活，意味着超越羞涩、怯懦和欲望的胆识与气质。而六十岁的男人可能比二十岁的小伙子更多地拥有这种胆识与气质。没有人仅仅因为时光的流逝而变得衰老，只是随着理想的毁灭，人类才出现了老人。

岁月可以在皮肤上留下皱纹，却无法为灵魂刻上一丝痕迹。忧虑、恐惧、缺乏自信才使人佝偻于时间尘埃之中。

无论是六十岁还是十六岁，每个人都会被未来所吸引，都会对人生竞争中的欢乐怀着孩子般无穷无尽的渴望。

在你我心灵的深处，同样有一个无线电台，只要它不停地从人群中，从无限的时间中接受美好、希望、欢欣、勇气和力量的信息，你我就永远年轻。一旦这无线电台坍塌，你的心便会被玩世不恭和悲观失望的寒冷酷雪所覆盖，你便衰老了——即使你只有二十岁。但如果这无线电台始终矗立在你心中，捕捉着每个乐观向上的电波，你便有希望超过年轻的八十岁。

窗外的春光

（散文）

庐隐

几天不曾见太阳的影子，沉闷包围了她的心。今早从梦中醒来，睁开眼，一线耀眼的阳光已映射在她红色的壁上，连忙披衣起来，走到窗前，把洒着花影的素幔拉开。前几天种的素心兰，已经开了几朵，淡绿色的瓣儿，衬了一颗朱红色的花心，风致真特别，即所谓“冰洁花丛艳小莲，红心一缕更嫣然”了。同时一股沁人心脾的幽香，喷鼻醒脑，平板的周遭，立刻涌起波动，春神的薄翼，似乎已扇动了全世界凝滞的灵魂。

说不出是喜悦，还是惆怅，但是一颗心灵涨得满满的，——莫非是满园春色关不住，——不，这连她自己都不能相信；然而仅仅是为了一些过去的眷恋，而使这颗心不能安定吧！本来人生如梦，在她过去的生活中，有多少梦影已经模糊了，就是从前曾使她惆怅过，甚至于流泪的那种情绪，现在也差不多消逝净尽，就是不曾消逝的而在她心头的意义上，也已经变了色调，那就是说从前以为严重了不得的事，现在看来，也许仅仅只是一些幼稚的可笑罢了！

兰花的清香，又是一阵浓厚的包袭过来，几只蜜蜂嗡嗡地在花旁兜的圈子，她深切地意识到，窗外已充满了春光；同时二十年前的一个梦影，从那深埋的心底复活了：

一个仅仅十零岁的孩子，为了脾气的古怪，不被家人们的了解，于是把她送到一所囚牢似的教会学校去寄宿。那学校的校长是美国人，——一个五十岁的老处女，对于孩子们管得异常严厉，整月整年不许孩子走出那所筑建庄严的楼房外去。四围的环境又是异样的枯燥，院子是一片沙土地；在角落里时时可以发现被孩子们踏陷的深坑，坑里纵横着人体的骨骼，没有树也没有花，所以也永远听不见鸟儿的歌曲。

春风有时也许可怜孩子们的寂寞吧！在那洒过春雨的土地上，吹出一些青草来——有一种名叫“辣辣棍棍”的，那草根有些甜辣的味儿，孩子们常常伏在地上，寻找这种草根，放在口里细细的嚼咀；这可算是春给她们特别的恩惠了！

那个孤零的孩子，处在这种阴森冷漠的环境里，更是倔强，没有朋友，在她那小小的心灵中，虽然还不曾认识什么是世界；也不会给这个世界一个估价，不过她总觉得自己所处的这个世界，是有些乏味；她追求另一个世界。在一个春风吹得最起劲的时候，她的心也燃烧着更热烈的希冀。但是这所囚牢似的学校，那一对黑漆的大门仍然严严的关着，就连从门缝看看外面的世界，也只是一个梦想。于是在下课后，她独自跑到地窖里去，那是一个更森严可怕的地方，四围是石板作的墙，房顶也是冷冰冰的大石板，走进去便有一股冷气袭上来，可是在她的心里，总觉得比那死气沉沉的校舍，多少有些神秘性吧。最能引诱她的当然还是那几扇矮小的窗子，因为窗子外就是一座花园。这一天她忽然看见窗前一丛蝴蝶兰和金钟罩，已经盛开了，这算给了她一个大诱惑，自从发现了这窗外的春光后，这个孤零的孩子，在她生命上，也开了一朵光明的花，她每天像一只猫儿般，只要有工夫，便蜷伏在那地窖的窗子上，默然地幻想着窗外神秘的世界。

她没有哲学家那种富有根据的想象，也没有科学家那种理智的头脑，她小小的心，只是被一种天所赋与的热情紧咬着。她觉得自己所坐着的这个地窖，就是所谓人间吧——一切都是冷硬淡漠，而那窗子外的世界却不一样了。那里一切都是美丽的，和谐的，自由的吧！

她总觉得自己所处的这个世界，只有乏味；她追求另一个世界。

巴萨隆

但愿这窗外的春光，永驻人间吧！ By 庐隐

她欣羡着那外面的神秘世界，于是那小小的灵魂，每每跟着春风，一同飞翔了。她觉得自己变成一只蝴蝶，在那盛开着美丽的花丛中翻翔着，有时她觉得自己是一只小鸟，直扑天空，伏在柔软的白云间甜睡着。她整日支着颐不动不响地尽量陶醉，直到夕阳逃到山背后，大地垂下黑幕时，她才怏怏地离开那灵魂的休憩地，回到陌生的校舍里去。

她每日每日照例地到地窖里来，——一直过完了整个的春天。忽然她看见蝴蝶兰残了，金钟罩也倒了头，只剩下一丛深碧的叶子，苍茂地在薰风里撼动着，那时她竟莫明其妙地流下眼泪来。这孩子真古怪得可以，十零岁的孩子前途正远大着呢，这春老花残，绿肥红瘦，怎能惹起她那么深切的悲感呢？！但是孩子从小就是这样古怪，因此她被家人所摒弃，同时也被社会所摒弃。在她的童年里，便只能在梦境里寻求安慰和快乐，一直到她否认现实世界的一切，她终成了一个

疏狂孤介的人。在她三十年的岁月里，只有这些片段的梦境，维系着她的生命。

阳光渐渐地已移到那素心兰上，这目前的窗外春光，撩拨起她童年的眷恋，她深深地叹息了：“唉，多缺陷的现实的世界呵！在这春神努力的创造美丽的刹那间，你也想遮饰起你的丑恶吗？人类假使连这些梦影般的安慰也没有，我真不知道人们怎能延续他们的生命哟！”

但愿这窗外的春光，永驻人间吧！她这样虔诚地默祝着，素心兰像是解意般的向她点着头。

（原载1934年4月5日《人间世》第1期）

珍贵的尘土

（散文）

【苏】帕乌斯托夫斯基 译/佚名

记不起来了，这段关于一个巴黎清洁工约翰·沙梅的故事是怎样得来的。沙梅是靠打扫区里几家手工艺作坊维持生活的。沙梅住在城郊的一间草房里。本来可以把这个郊区大加描绘一番，以使读者离开故事的本题。不过，也许值得提一笔：直到现在巴黎城郊仍然还留存着一些古老的碉堡。在这个故事发生的时候，这些碉堡还被金银花和山楂子等杂草所覆盖着，一些野鸟就在这里造了巢。

“这是在什么地方？”苏珊娜怀疑地问。

“我不是告诉你了——在越南。在印度支那。在那个地方，海洋冒着火，就和地狱一般，而水母却像巴蕾舞女的镶花边的小裙子。而且那个地方，那种潮湿劲儿呀，一夜工夫，我们的靴子里就长出了蘑菇！若是我撒谎，就把我吊死！”

以前，沙梅听过很多当兵的说谎话，但是他自己从来没说过。并不是因为他不会说谎，只不过是没有这种需要。而现在他认为使苏珊娜快活是他的神圣的职务。

沙梅把小姑娘带到了里昂，当面把她交给了一位绉着黄嘴唇的高个子妇人——苏珊娜的姑母。这位老妇人满身缀着黑玻璃珠子，好像马戏班子里的一条蛇。

小姑娘一看见她，就紧紧地挨着沙梅，抓住了他的褪了色的军大衣。

“不要紧！”沙梅低声地说，轻轻地推了一下苏珊娜的肩膀。

“我们当兵的也不挑拣连里的长官。忍着吧，苏珊娜，女战士！”

沙梅走了。他好几次回头张望这幢寂寞的屋子的窗户，连风都不来吹动这里的窗幔。在窄狭的街道上，能听见小店里的倥偬的时钟报时声。在沙梅的军用背囊里，藏着苏珊娜的纪念品——她辫子上的一条蓝色的揉皱了的发带。鬼知道为什么，这条发带有那么一股幽香，好像在紫罗兰的篮子里放了很久似的。

墨西哥的热病摧毁了沙梅的健康。军队也没给他什么军衔，就把他遣散了。以一个普普通通的大兵身份，去过老百姓的生活了。

多少年在同样贫困中过去了。沙梅尝试过各种卑微的职业。最后，成了一个巴黎的清洁工。从那时起，灰尘和污水的气味，总没离开过他。甚至从塞纳河飘过来的微风中，从街心花园中衣衫整洁的老太婆们兜售的含露的花束里，他都嗅到了这种气味。

日子溶成为黄色的沉滓。但是有的时候在沙梅的心灵里，在这些沉滓中，浮现出一片轻飘的蔷薇色的云——苏珊娜的一件旧衣服。这件衣服曾有一股春天的清新气息，也仿佛在紫罗兰的篮子里放了很久似的。

苏珊娜，她在哪儿呢？她怎么了？他知道她现在已经是一个成年的姑娘了，而她父亲已经负伤死了。

沙梅总想要到里昂去看看苏珊娜。但每次他都延期了，直到最后他明白已经错过了时机，苏姗娜完全把他忘记了。

日子溶成为黄色的沉淬。 By帕乌斯托夫斯基

每逢他想起了他们临别时的情景，他总骂自己是笨猪。本来应该亲亲小姑娘，而他却把她往母夜叉那边一推说：“忍着吧，苏珊娜，女战士！”

大家都知道清洁工是在夜深人静的时候工作。这有两个原因：首先是因为由紧张而并不是常常有益的人类活动所产生的垃圾，总是在一天的末尾才积聚起来，其次是巴黎人的视觉和嗅觉是不许冒犯的。夜阑人静的时候，除了老鼠之外，差不多没有人会看到清洁工的工作。

沙梅已惯于夜间的工作，甚至爱上了一天里的这个时辰。尤其是当曙光懒洋洋地冲破巴黎上空的时候。塞纳河上弥漫着朝雾，但它从来也没越出过桥栏。

她的双唇，比湿润的花瓣更鲜艳，她的睫毛因缀着夜来的眼泪而晶莹。 By帕乌斯托夫斯基

有一次，在这样雾蒙蒙的黎明里，沙梅由荣誉军人桥上经过，看见了一个年轻的女人，穿着淡紫色镶黑花边的外衫。她站在栏杆旁边，凝望着塞纳河。

沙梅停下了步子，脱下了尘封的帽子说道：

“夫人，这个时候，塞纳河的河水是非常凉的。还是让我送您回家去吧。”

“我现在没有家了。”女人很快地回答说，同时朝着沙梅转过脸来。

帽子从沙梅的手里掉下来了。

“苏珊娜！”他绝望而兴奋地说。“苏珊娜女战士！我的小姑娘！我到底看到你了！你恐怕忘记我了吧。我是约翰·埃尔奈斯特·沙梅，第二十七殖民军的战士，是我把你带到里昂那位讨厌的姑母家里去的。你变得多么漂亮了啊！你的头发梳得多好呀！可我这个勤务兵一点也不会梳！”

“约翰！”这个女人突然尖叫一声，扑到沙梅身上，抱住了他的脖子，放声大哭。“约翰，您还和那个时候一样善良。我全都记得！”

“咦，说傻话！”沙梅喃喃地说。“我的善良对谁有什么好处？你怎么了，我的孩子？”

沙梅把苏珊娜拉到自己身旁，做了在里昂没敢做的事——抚着、吻着她那华丽的头发。但他马上又退到一边，生怕苏珊娜闻到他衣服上的鼠臊味。但苏珊娜挨在他的肩上更紧了。

“你怎么了，小姑娘？”沙梅不知所措地又重复了一遍。

他祷告上帝，让这块锈铁快点刺进这颗羸弱的心里去：让它永远停止跳动。　By帕乌斯托夫斯基

苏珊娜没回答。她已经止不住痛哭。沙梅明白了，暂时什么也不要问她。

“我，”他急急忙忙地说道，“在碉堡那边有一个住的地方。离这里有些儿路。屋子里，当然，全是空的，什么也没有。然而可以烧烧水，在床上睡睡觉。你在那儿可以洗洗脸休息休息。总之，随你愿意住多久。

苏珊娜在沙梅那里住了五天。这五天巴黎的上空升起了一个不平凡的太阳。所有的建筑物，甚至最古旧、煤熏黑了的，每座花园，甚至沙梅的小窠，都象珠宝似的在这个太阳的照耀下灿烂发光。

谁没体味过因浓睡着的年轻女人的隐约可闻的气息而感到的激

动，那他就不懂得什么叫温柔。她的双唇，比湿润的花瓣更鲜艳，她的睫毛因缀着夜来的眼泪而晶莹。

是的，苏珊娜所发生的一切，不出沙梅所料。她的情人，一个年轻的演员，变了心。但苏珊娜住在沙梅这里的五天时间，已经足够使他们重归于好了。

沙梅也参与了这件事。他不得不把苏珊娜的信送给这位演员，同时，当他想要塞给沙梅几个苏作茶钱的时候，他又不得不教训了这个懒洋洋的花花公子要懂得礼貌。

不久，这个演员便坐着马车接苏珊娜来了。而且一切都应有尽有：花束，亲吻，含泪的笑，悔恨和不大自然的轻松愉快。

当年轻的人们临走的时候，苏珊娜是那样匆忙，她跳上了马车，连和沙梅道别都忘记了。但她马上觉察出来，红了脸，负疚地向他伸出手来。

“你既然照你的兴趣选择了生活，”沙梅最后对她埋怨地说，“那就祝你幸福。”

“我还什么都不知道。”苏珊娜回答说，突然眼眶里闪着泪光。

“你别激动，我的小娃娃，”年轻的演员不满意地拉长声音说，同时又重复道，“我的迷人的小娃娃。”

“假如有人送给我一朵金蔷薇就好了！”苏珊娜叹息说。“那便一定会幸福的。我记得你在船上讲的故事，约翰。”

“谁知道呢！”沙梅回答说。“可是不管怎样，送给你金蔷薇的不会是这位先生。请原谅，我是个当兵的。我不喜欢这种绣花枕。”

年轻人互相看了一眼。演员耸了耸肩膀。马车向前开动了。

通常，沙梅把一天从手工艺作坊扫出来的垃圾统统扔掉。但是在这次跟苏珊娜相遇之后，他便不再把那从首饰作坊扫出来的垃圾扔掉了。他开始把这里的尘土悄悄地收到一起，装到口袋里，带到他的草房里来。邻居们认为这个清洁工“疯了”。很少有人知道，在这种尘土里有一些金屑，因为首饰匠们工作的时候，总要锉掉少许金子的。

沙梅决定把首饰作坊的尘土里的金子筛出来，然后把这些金子铸成一块小金锭，用这块金锭，为了使苏珊娜幸福，打成一朵小小的金蔷薇。说不定像母亲跟他说过的，它可以使许多普通的人幸福。谁知道呢！他决定在这朵金蔷薇没做成之前，不和苏珊娜见面。

这件事沙梅对谁也没说过。他怕当局和警察。狗腿子们什么事想不到呢。他们会说他是小偷，把他关到牢里去，没收他的金子。怎么说也罢，金子本来是别人的。

沙梅在没入伍之前，曾经在村子里给教区神甫当过雇工，所以他懂得怎样筛簸谷子。这些知识现在用得着了。他想起了怎样簸谷子，沉甸甸的谷粒怎样落到地上，而轻的尘土怎样随风远扬。

沙梅作了一个小筛机，每天深夜，他就在院子里把首饰作坊的尘土簸来簸去。在没有看到凹槽里隐约闪现出来的金色粉末之前，他总

他想把那久已赶到心灵深处去了的全部温柔，只献给她。 By帕乌斯托夫斯基

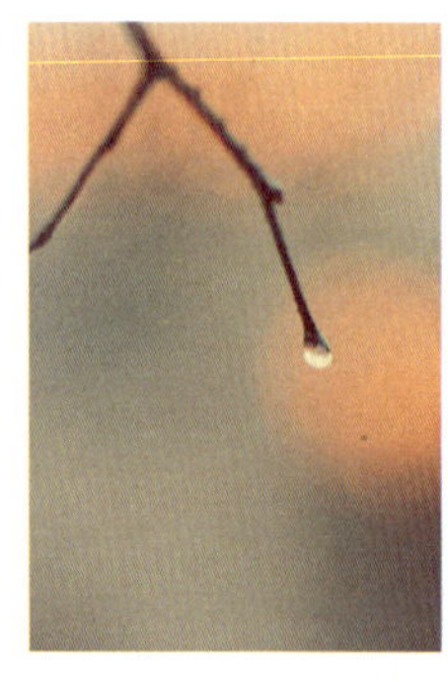

首饰匠甚至觉得这张面孔的痛楚，是非常好看的。 By帕乌斯托夫斯基

是焦灼不安。

不少日月逝去了，金屑已经积到可以铸成一小块金锭。但沙梅还迟迟不敢把它送给首饰匠去打成蔷薇。

他并不是没有钱——要是把这块金锭的三分之一作手工费，任何一个首饰匠都会收下这件活计，而且会很满意的。

问题并不在这里。跟苏珊娜见面的时辰一天比一天近了。但从某一个时候起，沙梅却开始惧怕这个日子。

他想把那久已赶到心灵深处去了的全部温柔，只献给她，只献给絮姬。可是谁需要一个形容憔悴的怪物的温柔呢！沙梅早就看出来，所有碰上他的人，唯一的愿望便是赶快离开他，赶快忘记他那张干瘪的灰色的脸，松弛的皮肤和刺人的目光。

在他的草房里有一片破镜子。偶尔沙梅也照一下，但他总是发出痛苦的骂声，立刻把它扔到一边去。最好还是不看自己——这个蠢笨的、拖着两条风湿的腿蹒跚着的丑东西。

当蔷薇终于做成了的时候，沙梅才听说絮娅在一年前，已经从巴黎到美国去了，人家说，这一去永不再回来了。连一个能够把她的住址告诉沙梅的人都没有。

在最初的一刹那，沙梅甚至感到了轻松。但随后他那指望跟苏珊娜温柔而轻快地相见的全部希望，不知怎么变成了一片锈铁。这片刺人的碎片，梗在沙梅的胸中，在心的旁边，于是他祷告上帝，让这块锈铁快点刺进这颗羸弱的心里去：让它永远停止跳动。

沙梅不再去打扫作坊了。他在自己的草房里躺了好几天，面对着墙。他沉默着，只有一次，脸上露出一点笑容，他立刻拿旧上衣的一只袖子把自己眼睛捂住了。但谁也没看见。邻居们甚至都没到沙梅这里来——家家都有操心事。

守望着沙梅的只有那个上了年纪的首饰匠一个人，就是他，用金锭打成了一朵非常精致的蔷薇，花的旁边，在一条细枝上，还有一个小小的、尖尖的花蕾。

首饰匠常常来看沙梅，但没给他带过药来。他认为这是无益的。

果然，沙梅在一次首饰匠来探望他的时候，悄悄地死去了。首饰匠抬起了清洁工的头，从灰色的枕头下，拿出来用蓝色的揉皱了的发带包着的金蔷薇，然后掩上嘎吱作响的门扉，不慌不忙地走了。发带上有一股老鼠的气味。

晚秋时节。晚风和闪烁的灯火，摇曳着苍茫的暮色。首饰匠想起了沙梅的面孔在死后是怎样改变了。它变得严峻而静穆。首饰匠甚至觉得这张面孔的痛楚，是非常好看的。

“生所未赐予的，而死却给补偿了。”好转这种无聊念头的首饰匠想到这里，便粗浊地叹息了一声。

首饰匠很快就把这朵金蔷薇卖给了一位不修边幅的文学家；依首饰匠看来，这位文学家并不是那么富裕，有资格买这样贵重的东西。

显然，首饰匠给这位文学家叙述的金蔷薇的历史，在这次交易中起了决定性的作用。

我们感谢这位年老的文学家，多亏他的杂记，有些人才知道从前第二十七殖民军的兵士约翰·埃尔奈斯特·沙梅一生中的这段悲惨的经历。

顺便提一提，这位老文学家在他的杂记中这样写道：“每一个刹那，每一个偶然投来的字眼和流盼，每一个深邃的或者戏谑的思想，人类心灵的每一个细微的跳动，同样，还有白杨的飞絮，或映在静夜水塘中的一点星光——都是金粉的微粒。

“我们，文学工作者，用几十年的时间来寻觅它们——这些无数

人类心胸的开阔以及理智的力量战胜黑暗，如同永世不没的太阳一般光辉灿烂

[俄]帕乌斯托夫斯基

的细沙，不知不觉地给自己收集着，熔成合金，然后再用这种合金来锻成自己的金蔷薇——中篇小说、长篇小说或长诗。

“沙梅的金蔷薇，让我觉得有几分像我们的创作活动。奇怪的是，没有一个人花过劳力去探索过，是怎样从这些珍贵的尘土中，产生出移山倒海般的文学的洪流来的。

“但是，恰如这个老清洁工的金蔷薇是为了预祝苏珊娜幸福而作的一样，我们的作品是为了预祝大地的美丽，为幸福、欢乐、自由而战斗的号召，人类心胸的开阔以及理智的力量战胜黑暗，如同永世不没的太阳一般光辉灿烂。”

去罢

（诗歌）

徐志摩

去罢，人间，去罢！
我独立在高山的峰上；
去罢，人间，去罢！
我面对着无极的穹苍。

去罢，青年，去罢！
与幽谷的香草同埋；
去罢，青年，去罢！
悲哀付与暮天的群鸦。

去罢，梦乡，去罢！
我把幻景的玉杯摔破；
去罢，梦乡，去罢！
我笑受山风与海涛之贺。

去罢，种种，去罢！
当前有插天的高峰！
去罢，一切，去罢！
当前有无穷的无穷！

（原载一九二四年六月十七日《晨报副刊》）

四季生活

（散文）

【俄】沃罗宁 译／佚名

每当清早，我拉起用木条制成的黄色百叶窗时，都能看见她。她高耸、挺拔，永远伫立在我窗前。秋夜，她消溶在幽暗之中，不见了：而你若相信奇迹，便会以为她走到别的地方去了，因为不见了。但刚一露出曙光，白昼的一切尚在酣睡，隐约感到清晨的气息时，她又已出现在原处了。

我凝视着她，不禁萌生出奇思异想。她想必有自己的生命吧。又有谁知道，如果苍天赋予我认识大自然全部完美的感官，也许我眼前会展现出一个神奇的世界。这个世界具有一切生物所固有的伟大的和渺小的感情，这些感情人是无法理喻的。然而我仅有五种感官，况且由于人类历尽沧桑，这些感官已不那么灵敏了。

而她生机勃勃！她日益茁壮，逐年增高。如今我得略微抬头，才能从窗口看见她那清风般轻盈的、透亮的树梢。可十年前半个窗框便能把她容纳下。

春

她的枝条刚刚摆脱漫长的严冬，还很脆硬，犹如加热过度的金属。春风吹过，枝条叮当作响。鸟儿还没在枝叶浓密的枝头筑巢。然而她已苏醒。这是一天清晨我才知道的。

邻居走到她跟前，用长钻头在她的树干上钻了个深孔，把一根不锈钢的小槽插进孔中，以便从槽中滴出浆汁。果然，浆汁滴了出来，像泪珠那样晶莹，像虚无那样明净。

“这并不是您的白桦。”我对邻居说。“可也不是您的。”他回敬我。

是啊，她长在我的围墙外。她不是我的。但也不是他的。她是公共的，确切些说，她谁的也不是，所以他可以损害她，而我却无法对他加以禁止。他从罐子里把白桦树透明的血液倒进小玻璃杯里，一小口一小口把它喝干。

“我需要树汁，”他说，“里面有葡萄糖。”他回家去了，在树旁留下一个三公升的罐子，以便收集葡萄糖。树汁像从没有关紧的龙头里一滴一滴地迅速流下来。既然流出这么多树汁，那么他破坏了多少毛细管哟？……她也许在呻吟？她也许在为自己的生命担忧？我不得而知，因为我既没有第六感觉，也没有第七感觉，更没有第一百感觉，第一千感觉。我只能对她怜悯而已……

然而，一个星期后，伤口上长出一个褐色的疤。她自己治好了伤口。恰恰这时她身上的一颗颗苞芽鼓胀起来，从苞芽里绽出嫩绿的新叶，成千成万的新叶。目睹这浅绿色的雾霭，我心里充满喜悦。我少不了她，这棵白桦树。我对她习惯了。我对她永远伫立在我的窗前已经习惯了；而且在这不渝的忠诚和习惯中，蕴蓄着一种令我精神振奋的东西。的确我少不了她。尽管她根本不需要我。没有我，就像没有任何类似我的人一样，她照样生活得很好。

夏

她保护着我。我的住宅离大路一百米左右。大路上行驶着各种车辆：货车，小轿车，公共汽车，推土机，自卸卡车，拖拉机。车辆成千上万，来回穿梭。还有灰尘。路上的灰尘多大啊！灰尘飞向我的住宅，假若没有她，这棵白桦树，会有多少灰尘钻进窗户，落到桌子

这个世界具有一切生物所固有的伟大的和渺小的感情，这些感情人是无法理喻的。 By沃罗宁

哪里是道路，哪里便是不毛之地。　By 沃罗宁

上，被褥上，飞进肺里啊。她把全部灰尘吸附在自己身上了。

夏日里，她绿荫如盖。一阵轻风拂过，它便婆娑起舞。她的叶片浓密，连阳光也无法照进我的窗户。但夏季屋里恰好不需要阳光。沁人心脾的阴凉比灼热的阳光强百倍。然而，白桦树却整个儿沐浴在阳光里。她的簇簇绿叶闪闪发亮，苍翠欲滴，枝条茁壮生长，越发刚劲有力。

六月里没有下过一场雨，连杂草都开始枯黄。然而，她显然已为自己贮存了以备不时之需的水分，所以丝毫不遭干旱之苦。她的叶片还是那样富有弹性和光泽，不过长大了，叶边滚圆，而不再是锯齿形状，像春天那样了。之后，雷电交加，整日价在我的住宅附近盘旋，越来越阴沉，沉闷地——犹如在自己身体里——发出隆隆轰鸣，入暮时分，终于爆发了。正值白夜季节。风仿佛只想试探一下——这白桦树多结实？多坚强？白桦树并不畏惧，但好像因灾难临头而感到焦灼。她抖动着叶片，作为回答。于是大风像一头狂怒的公牛，骤然呼啸起来，向她扑去，猛击她的躯干。她蓦地摇晃了一下，为了更易于站稳脚跟，把叶片随风往后仰，于是树枝宛如千百股绿色细流，从她身上流下。电光闪闪，雷声隆隆。狂风停息了。滂沱大雨从天而降。这时，白桦树顺着躯干垂下了所有的枝条，无数股细流从树枝上流下，像从下垂的手臂流到地上。她懂得应该如何行动，才能岿然不动，确保生命无虞。

七月末，她把黄色的小飞机撒遍了自己周围的大地。无论是否刮风，她把小飞机抛向四面八方，尽可能抛得离自己远些，以免她那粗大的树冠妨碍它们吸收更多的阳光和雨露，使它们长成茁壮的幼苗。是啊，她与我们不同，有自己的规矩。她不把自己的儿女拴在身旁，所以她能永葆青春。

那年，田野里，草场上，山谷中，长出了许多幼小的白桦树。唯独大路上没有。若问大地上什么最不幸，那便是道路了。道路上寸草不生，而且永远不会长出任何东西来。哪里是道路，哪里便是不毛之地。

过去，一切都是这样美不胜收、朝气勃勃，如今却突然消失了。 By沃罗宁

秋

太阳躲开我的住宅，也躲开白桦树。树叶立刻开始发黄，而且越来越黄，仿佛在苦苦哀求太阳归来。但太阳总是不露面。瓦灰色的浮云好似令人焦虑的战争的硝烟，向大宇铺天盖地涌来，又如巨浪相逐，遮蔽了一切。云片飞得很低，险些儿触及电视天线。下起了绵绵秋雨。雨水淅沥淅沥地下着，从一根树枝滴落到另一根树枝上。霪雨不舍昼夜，一切都变得湿漉漉的了，土地不再吸收雨水，或者是所有的植物都不再需要水分了吧。

夜里，我醒来了。屋里多么黑暗，多么寂静啊！？只听见雨珠从树枝上滴下时发出的簌簌声。萧瑟而连绵不绝的秋雨的簌簌声好生凄凉啊。我起了床，抽起烟来，推开窗户，于是看见了她那在秋日的昏暗中依稀可辨的身影。她赤身露体，任凭风吹雨打。翌日凌晨，寒霜突然降临。随之又是几度霜冻，于是白桦树四周铺上了一圈黄叶。这一些全都是发生在寒雾中。然而，当树叶落尽，太阳露出脸来时，处处充满忧郁气氛，尤其是在她周围。因为就在不久前，这里还是青翠葱茏，一切都光艳照人，欣欣向荣。过去，一切都是这样美不胜收，朝气勃勃，如今却突然消失了。将要下起蒙蒙细雨来，树叶将要腐烂发黑，僵硬的树枝将要在冷风中瑟缩，水洼将要结冰。鸟儿将要飞走。死寂的黑夜将要拖得很长，在冬季里它将会更加漫长。暴风雪将要怒吼。严寒将要肆虐？

一切生物都得倍加小心，更何况天气严寒呢。 By 沃罗宁

冬

我离开家了。我不能留在那里，为不久前还使我欣喜和对生活充满信心的事物的消亡而苦恼。我搭机飞向南方。到了辛菲罗波尔之后，我便改乘出租汽车了，我又惊又喜地仔细观看温暖的南国的苍翠。一见黑海，我便悄声笑了。

浩森、温暖的海。我潜进水里，向海底，向绿色的礁石游去。我喝酸葡萄酒，吃葡萄，精疲力尽地躺在暖烘烘的沙滩上，眺望大海，观看老是饥肠辘辘，为了一块面包而聒噪的海鸥。接着我又游进温暖的海水，攀上波峰、滑下浪谷，又攀上去。我又喝酸葡萄酒，吃烤羊肉，钻进暖烘烘的沙子里。在我身边的也是像我一样从自己的家园跑到这片乐土来的人们。大伙儿欢笑啊，嬉戏啊，在海滩上寻找斑斓的彩石，尽量不想家里发生的事情。这样会更轻松、更舒坦些。但要抛弃家园是办不到的，就像无法抛弃自己一样。

于是我回家了。四周一片冰天雪地。她也兀立在雪堆里。我不在时，刺骨的严寒逞凶肆虐，把她的躯干撕破了。撕裂得虽不严重，但落上一层雪的白韧皮映进我的眼帘。我抚摸了一下她的躯干。她的树皮干瘪、粗糙。这是辛勤劳作的树皮，同南方的什么“不知羞耻树”的树皮迥然不同。这里，一切都是为了同霪雨、暴雪、狂风搏斗。所以，像平时见到她时那样，我又萌生出各种奇思异想。我暗自忖度：你看哪，她不离开故土，不抛弃哺育自己和自己的儿女的严峻的土地。她没有离去，而只是把自己的苞芽藏得严实，裹得更紧，使它们免遭严寒的摧残，开春时迸发出新叶，然后培育出种子，把它们奉献给大地，使生命万古生存，永葆青春。是啊，她有自己的职责，而且忠诚不渝地履行这些职责，就像永远必须做那些为了生存下去而必须做的事情一样。

北风劲吹，像骨头似的硬邦邦的树枝互相碰撞，劈啪作响。刮北风的时间一向很长，一刮就是一个星期，两个星期。这一来，一切生物都得倍加小心，更何况天气严寒呢。好在我的住宅多少保护着她。但她毕竟还要挨冷受冻啊。严寒要持续很长时间，以致许多羸弱的生命活不到来年开春。但她能活到这个季节。她挺得住，而且年复一年地屹立在我的窗前……

美

（散文）

【印】泰戈尔　译/佚名

夕阳坠入地平线，西天燃烧着鲜红的霞光，一片宁静轻轻落在梵学书院娑罗树的枝梢上，晚风的吹拂也便驰缓起来。一种博大的美悄然充溢我的心头。对我来说，此时此刻，已失落其界限。今日的黄昏延伸着，融入无数时代前的邈远的一个黄昏。在印度的历史上，那时确实存在隐士的修道院，每日喷薄而出的旭日，唤醒一座座净修林中的鸟啼和《娑摩吠陀》的颂歌。白日流逝，晚霞鲜艳的恬静的黄昏，召唤终年为祭火提供酥油的牛群，从芳草萋萋的河滨和山麓归返牛棚。在印度那纯朴的生活，肃穆修行的时光，在今日静谧的暮天清晰地映献。我忽然想起，我们的雅利安祖先，一天也不曾忽视一望无际的恒河平原上日出和日落的壮丽景象。他们从未冷漠地送别晨夕和晚祷。每位瑜珈行者和每家的主人，都在心中热烈欢迎迷人的景色。他们把自然之美迎进了祭神的庙宇，以虔诚的目光注望美中涌溢的欢乐。他们抑制着激动，稳定着心绪，将朝霞和暮色溶入他们无限的遐想。我认为，他们在河流的交汇处，在海滩，在山峰上欣赏自然美景的地方，不曾营造自己享受的乐园，在他们开辟的胜地和留下的名胜古迹中，人与神浑然一体。暮空中萦绕着我内心的祈祷：愿我以春节的目光瞻仰这美的伟大形象，不以享乐思想去暗淡和去贬低世界的美，要学会以虔诚使之愈加真切和神圣。换句话说，要弃绝占有它的妄想，心中油然萌发为之献身的决心。

我又觉得，认识到真实的美，美的崇伟，不是件容易的事。我们摈弃许多东西，把厌烦的许多东西推得远远的，对许多矛盾视而不见，在合乎心意的狭小范围内，把美当作时髦的奢侈品。我们妄图让世界艺术女神沦为女婢，羞辱她，失去了她，同时也丧失了我们的福祉。

撇开人的好恶去观察，世界本性并不复杂，很容易窥见其中的美和神灵。将察看局部发现的矛盾和形变，掺入整体之中，就不难看到一种恢宏的和谐。

认识美需要克制和艰苦的探索，空虚的欲望宣扬的美，是海市蜃楼。 By 泰戈尔

然而，我们不能像对待自然那样对待人。周围的每一个人离我们太近，我们以特别挑剔的目光夸大地看待他的小疵。他短时的微不足道的缺点，在我们的感情中往往变成非常严重的过错。贪欲、愤怒、恐惧、忧愁妨碍我们全面地看人，而让我们在他人的小毛病中摇摆不定。所以我们很容易在寥廓的暮空发现美，而在俗人的世界却不容易发现。

今日黄昏，不费一点力气，我们见到了宇宙的美妙形象。宇宙的拥有者亲手把完整的美捧到我们的眼前。如果我们仔细剖析，进入它的内部，扑面而来的是数不清的奇迹。此刻，无垠的暮空的繁星间飞驰着火焰的风暴，若容我们目睹其一部分，必定目瞪口呆。用显微镜观察我们前面那株姿态优美的斜倚星空的大树，我们能看清许多脉络，许多虬须，树皮的层层褶皱，枝桠的某些部位干枯，腐烂，成了虫豸的巢穴。站在暮空俯瞰人世，映入眼帘的一切，都有不完美和不正常之处。然而，不抛弃一切，广收博纳，卑微的，受挫的，变态的，全部拥抱着，世界坦荡地展示自己的美。整体即美，美不是荆棘包围的窄圈里的东西，造物主能在静寂的夜空毫不费力地向世人昭示。

强大的自然力的游戏惊心动魄，可我们在暮空却看到它是那样宁静，那样绚丽。同样，伟人一生经受的巨大痛苦，在我们眼里也是美好的，高尚的。我们在完满的真实中看到的痛苦，其实不是痛苦，而是欢乐。

我曾说过，认识美需要克制和艰苦的探索，空虚的欲望宣扬的美，是海市蜃楼。

当我们完美地认识真理时，我们才真正地懂得美。完美地认识了真理，人的目光才纯净，心灵才圣洁，才能不受阻挠地看见世界各地蕴藏的欢乐。

月下的回忆
（散文）

庐隐

晚凉的时候，困倦的睡魔都退避了，我们便乘兴登大连的南山，在南山之巅，可以看见大连全市。

我们出发的时候，已经是暮色苍茫，看不见娇媚的夕阳影子了。

登山的时候，眼前模糊，只隐约能辨人影；漱玉穿着高底皮鞋，几次要摔倒，都被淡如扶住，因此每人都存了戒心，不敢大意了。

到了山巅，大连全市的电灯，如中宵的繁星般，密密层层满布太空，淡如说是钻石缀成的大衣，披在淡装的素娥身上；漱玉说比得不确，不如说我们乘了云梯，到了清虚上界，下望诸星，吐豪光千丈的情景为逼真些。

他们两人的争论，无形中引动我们的幻想，子豪仰天吟道：“举首问明月，不知天上今夕是何年？”

她的吟声未竭，大家的心灵都被打动了，互相问道：“今天是阴历几时？有月亮吗？”

有的说十五；有的说十七；有的说十六，漱玉高声道：“不用争了。今日是十六，不信看我的日记本去！”

子豪说：“既是十六，月光应当还是圆的，怎么这时候还没有看见出来呢？”

淡如说：“你看那两个山峰的中间一片红润；不是月亮将要出来的预兆吗？”

我们集中目力，都望那边看去了，果见那红光越来越红，半边灼灼的天，像是着了火，我们静悄悄地望了些时，那月儿已露出一角来了；颜色和丹砂一般红，渐渐大了也渐渐淡了，约有五分钟的时候，全个团团的月儿，已经高高站在南山之巅，下窥芸芸众生了。

我们都拍着手，表示欢迎的意思；子豪说：“是我们多情欢迎明月?还是明月多情，见我们深夜登山来欢迎我们呢？”

这个问题提出来后，大家议论的声音，立刻破了深山的寂静，和夜的消沉，那酣眠高枝的鹧鸪也吓得飞起来了。

淡如最喜欢在清澈的月下，妩媚的花前，作苍凉的声音读诗吟词，这时又在那里高唱南唐李后主的《虞美人》，诵到“故国不堪回首月明中”声调更加凄楚；这声调随着空气震荡，更轻轻浸进我的心灵深处；对着现在玄妙笼月的南山的大连，不禁更回想到三日前所看见污浊充满的大连，不能不生一种深刻的回忆了！

在一个广场上，有无数的儿童，拿着几个球在那里横穿竖冲地乱跑，不久铃声响了，一个一个和一群蜜蜂般地涌进学校门去了；当他们往里走的时候，我脑膜上已经张好了白幕，专等照这形形式式的电影；顽皮没有礼貌的行动，憔悴带黄色的面庞，受压迫含抑闷的眼光，一色色都从我面前过去了，印入心幕了。

进了课堂，里头坐着五十多个学生，一个三十多岁，有一点胡须的男教员，正在那里讲历史，“支那之部”四个字端端正正写在黑板上；我心里忽然一动，我想大连是谁的地方啊？

用的可是日本的教科书——教书的又是日本教员——这本来没有什么，教育和学问是没有国界的，除了政治的臭味——他是不许藩篱这边的人和藩篱那边的人握手以外，人们的心都和电流一般相通的——这个很自然……

“这是哪里来的，不是日本人吗？”靠着我站在这边的两个小学生在那窃窃私语，遂打断我的思路，只留心听他们的谈话。

过了些时，那个较小的学生说：“这是支那北京来的，你没有看见先生在揭示板写的告白吗？”

只是那多事的月亮，无论如何把我尘浊的影子，清清楚楚反射在那块白石头上。　　By庐隐

我听了这口气真奇怪，分明是日本人的口气，原来大连人已受了软化了吗？不久，我们出了这课堂，孩子们的谈论听不见了。

那一天晚上，我们住的房子里，灯光格外明亮；在灯光之下有一个瘦长脸的男子，在那里指手划脚演说：

“诸君！诸君！你们知道用吗啡培成的果子，给人吃了，比那百万雄兵的毒还要大吗?教育是好名词，然而这种含毒质的教育，正和吗啡果相同……你们知道吗？大连的孩子谁也不晓得有中华民国呵!他们已经中了吗啡果的毒了！……

“中了毒无论怎样，终久是要发作的，你看那一条街上是西岗子，一连有一千余家的暗娼，是谁开的？原来是保护治安的警察老

我不再想什么了，东西张望，只怕辜负了眼前的美景。 By庐隐

爷，和暗探老爷们勾通地棍办的，警察老爷和暗探老爷，都是吃了吗啡果子的大连公学校的卒业生呵！”

他说到那里，两个拳头不住在桌上乱击，口里不住地诅咒，眼泪不竭地涌出，一颗赤心几乎从嘴里跳了出来！歇了一歇他又说：

“我有一个朋友，在一天下午，从西岗子路过；就见那灰色的墙根底下每一家的门口，都有一个邪形鸩面的男子蹲在那里，看见他走过去的时候，由第一个人起，连续着打起呼啸来；这种奇异的暗号，真是使人惊吓，好像一群恶魔要捕人的神气；更奇怪的，打过这呼啸以后立刻各家的门又都开了：有妖态荡气的妇人，向外探头；我那个朋友，看见她们那种样子，已明白她们要强留客人的意思，只得低下头，急急走过；经过她们门前，有的捉他的衣袖，有的和他调笑，幸亏他穿的是西装，她们不知道他到底是什么来历不敢过于造次，他才得脱了虎口。当他才走出胡同口的时候，从胡同的那一头，来了一个穿着黄灰色短衣裤的工人；他们依样的作那呼啸的暗号，他回头一看，那人已被东首第二家的一个高颧骨的妇人拖进去了！”

唉！这不是吗啡果的种子，开的沉沦的花吗？

我正在回忆从前的种种，忽然漱玉在我肩上击了一下说：“好好的月亮不看，却在这漆黑树影底下发什么怔。”

漱玉的话打断我的回忆，现在我不再想什么了，东西张望，只怕辜负了眼前的美景！

远远地海水放出寒栗的光芒来；我寄我的深愁于流水，我将我的苦闷付清光；

只是那多事的月亮，无论如何把我尘浊的影子，清清楚楚反射在那块白石头上；

我对着她，好像怜她，又好像恼她；

怜她无故受尽了苦痛的磨折，恨她为什么自己要着迹，若没这有形的她，也没有这影子的她了；

无形无迹，又何至被有形有迹的世界折磨呢？……

连累得我的灵魂受苦恼……

夜深了！月儿的影子偏了，我们又从来处去了。

（选自中国广播电视出版社《二十世纪中国女作家散文精品（上卷）》）

又是一年芳草绿

（散文）

老舍

悲观有一样好处，它能叫人把事情都看轻了一些。这个可也就是我的坏处，它不起劲，不积极。您看我挺爱笑不是？因为我悲观。悲观，所以我不能扳起面孔，大喊："孤——刘备！"我不能这样。一想到这样，我就要把自己笑毛咕了。看着别人吹胡子瞪眼睛，我从脊梁沟上发麻，非笑不可。我笑别人，因为我看不起自己。别人笑我，我觉得应该；说得天好，我不过是脸上平润一点的猴子。我笑别人，往往招人不愿意；不是别人的量小，而是不像我这样稀松，这样悲观。

我打不起精神去积极的干，这是我的大毛病。可是我不懒，凡是我该作的我总想把它作了，总算得点报酬养活自己与家里的人——往好了说，尽我的本分。我的悲观还没到想自杀的程度，不能不找点事作。有朝一日非死不可呢，那只好死喽，我有什么法儿呢？

这样，你瞧，我是无大志的人。我不想当皇上。最乐观的人才敢作皇上，我没这份胆气。

有人说我很幽默，不敢当。我不懂什么是幽默。假如一定问我，我只能说我觉得自己可笑，别人也可笑；我不比别人高，别人也不比我高。谁都有缺欠，谁都有可笑的地方。我跟谁都说得来，可是他得愿意跟我说；他一定说他是圣人，叫我三跪九叩报门而进，我没这个瘾。我不教训别人，也不听别人的教训。幽默，据我这么想，不是嬉皮笑脸，死不要鼻子。

也不是怎股子劲儿，我成了个写家。我的朋友德成粮店的写账先生也是写家，我跟他同等，并且管他叫二哥。既是个写家，当然得写了。"风格即人"——还是"风格即驴"？——我是怎个人自然写怎样的文章了。于是有人管我叫幽默的写家。我不以这为荣，也不以这为辱。我写我的。卖得出去呢，多得个三块五块的，买什么吃不香呢。卖不出去呢，拉倒，我早知道指着写文章吃饭是不易的事。

稿子寄出去，有时候是肉包子打狗，一去不回头；连个回信也没有。这，咱只好幽默；多咱见着那个骗子再说，见着他，大概我们俩总有一个笑着去见阎王的。不过，这是不很多见的，要不怎么我还没想自杀呢。常见的事是这个，稿子登出去，酬金就睡着了，睡得还是挺香甜。直到我也睡着了，它忽然来了，仿佛故意吓人玩。数目也惊人，它能使我觉得自己不过值一毛五一斤，比猪肉还便宜呢。这个咱也不说什么，国难期间，大家都得受点苦，人家开铺子的也不容易，

我永不驳辩，这似乎是胆儿小；可是也许是我的宽宏大量。我不便往自己脸上贴金。一件事总得由两面瞧，是不是。　　By老舍

掌柜的吃肉，给咱点汤喝，就得念佛。是的，我是不能当皇上，焚书坑掌柜的，咱没那个狠心，你看这个劲儿！不过，有人想坑他们呢，我也不便拦着。

这么一来，可就有许多人看不起我。连好朋友都说：“伙计，你也硬正着点，说你是为人类而写作，说你是中国的高尔基；你太泄气了！”真的，我是泄气，我看高尔基的胡子可笑。他老人家那股子自卖自夸的劲儿，打死我也学不来。人类要等着我写文章才变体面了，那恐怕太晚了吧？我老觉得文学是有用的；拉长了说，它比任何东西都有用，都高明。可是往眼前说，它不如一尊高射炮，或一锅饭有用。我不能吆喝我的作品是“人类改造丸”，我也不相信把文学杀死便天下太平。我写就是了。

别人的批评呢？批评是有益处的。我爱批评，它多少给我点益处;即使完全不对，不是还让我笑一笑吗？自己写的时候仿佛是蒸馒头呢，热气腾腾，莫名其妙。及至冷眼人一看，一定看出许多错儿来。我感谢这种指摘。说的不对呢，那是他的错儿，不干我的事。我永不驳辩，这似乎是胆儿小；可是也许是我的宽宏大量。我不便往自己脸上贴金。一件事总得由两面瞧，是不是？

对于我自己的作品，我不拿她们当作宝贝。是呀，当写作的时候，我是卖了力气，我想往好了写。可是一个人的天才与经验是有限的，谁也不敢保了老写的好，连荷马也有打盹的时候。有的人呢，每

谦虚是必要的，可是装蒜也大可以不必。 By老舍

一拿笔便想到自己是但丁，是莎士比亚。这没有什么不可以的，天才须有自信的心。我可不敢这样，我的悲观使我看轻自己。我常想客观的估量估量自己的才力；这不易作到，我究竟不能像别人看我看得那样清楚；好吧，既不能十分看清楚了自己，也就不用装蒜，谦虚是必要的，可是装蒜也大可以不必。

对作人，我也是这样。我不希望自己是个完人，也不故意的招人家的骂。该求朋友的呢，就求；该给朋友作的呢，就作。作的好不好，咱们大家凭良心。所以我很和气，见着谁都能扯一套。可是，初次见面的人，我可是不大爱说话；特别是见着女人，我简直张不开口，我怕说错了话。在家里，我倒不十分怕太太，可是对别的女人老

我愿意老年轻轻的，死的时候像朵春花将残似的那样哀而不伤。 By老舍

觉着恐慌，我不大明白妇女的心理；要是信口开河的说，我不定说出什么来呢，而妇女又爱挑眼。男人也有许多爱挑眼的，所以初次见面，我不大愿开口。我最喜辩论，因为红着脖子粗着筋的太不幽默。我最不喜欢好吹腾的人，可并不拒绝与这样的人谈话；我不爱这样的人，但喜欢听他的吹。最好是听着他吹，吹着吹着连他自己也忘了吹到什么地方去，那才有趣。

可喜的是有好几位生朋友都这么说："没见着阁下的时候，总以为阁下有八十多岁了。敢情阁下并不老。"是的，虽然将奔四十的人，我倒还不老。因为对事轻淡，我心中不大藏着计划，作事也无须耍手段，所以我能笑，爱笑；天真的笑多少显着年轻一些。我悲观，但是不愿老声老气的悲观，那近乎"虎事"。我愿意老年轻轻的，死的时候像朵春花将残似的那样哀而不伤。我就怕什么“权威”咧，“大家”咧，“大师”咧，等等老气横秋的字眼们。我爱小孩，花草，小猫，小狗，小鱼;这些都不“虎事”。偶尔看见个穿小马褂的“小大人”，我能难受半天，特别是那种所谓聪明的孩子，让我难过。比如说，一群小孩都在那儿看变戏法儿，我也在那儿，单会有那么一两个七八岁的小老头说：“这都是假的！”这叫我立刻走开，心里堵上一大块。世界确是更“文明”了，小孩也懂事懂得早了，可是我还愿意大家傻一点，特别是小孩。假若小猫刚生下来就会捕鼠，我就不再养猫，虽然它也许是个神猫。

我不大爱说自己，这多少近乎“吹”。人是不容易看清楚自己的。不过，刚过完了年，心中还慌着，叫我写“人生于世”，实在写不出，所以就近的拿自己当材料。万一将来我不得已而作了皇上呢，这篇东西也许成为史料，等着瞧吧。

（原载1935年3月6日《益世报》）

声明

由于年代久远，无法一一联系到权利人。特此声明，为保障所收录作品作者的权利，请作品权利人及时与我们联系，以便处理相关稿费事宜。

In Mystery Silent Time

它轻轻地摇了一下佩铃，
探询是否出了什么差错。
林中毫无回响一片寂静，
只有微风习习雪花飘落。
——佛罗斯特

总策划
科文图书

责任编辑
俞滟荣

监制
薛婷

选题策划
暖暖

文字编辑
史倩

封面设计
末末

购书网址
www.dangdang.com